12周科学健身指南

12周——从久坐族到健身达人的蜕变

〔英〕丹尼尔·福特　著

〔英〕保罗·考彻　健身顾问

〔英〕罗素·墨菲　心理顾问

陈雪梅　译

河南科学技术出版社

·郑州·

备案号：豫著许可备字-2018-A-0030

图书在版编目（CIP）数据

12周科学健身指南/（英）丹尼尔·福特（Daniel Ford）著；陈雪梅译. —郑州：河南科学技术出版社，2018.10（2024.8重印）
ISBN 978-7-5349-9272-8

Ⅰ.①1… Ⅱ.①丹… ②陈… Ⅲ.①健身运动-指南 Ⅳ.①G883-62

中国版本图书馆CIP数据核字（2018）第160320号

出版发行：河南科学技术出版社
地址：郑州市经五路66号 邮编：450002
电话：（0371）65788673 65788810
网址：www.hnstp.cn
策划编辑：李 林
责任编辑：范广红
责任校对：崔春娟
封面设计：张 伟
责任印制：朱 飞
印 刷：永清县晔盛亚胶印有限公司
经 销：全国新华书店
开 本：787 mm × 1 092 mm 1/32 印张：4.5 字数：90千字
版 次：2018年10月第1版 2024年8月第2次印刷
定 价：42.00元

如发现印、装质量问题，影响阅读，请与出版社联系并调换。

欢迎您，12周健身挑战从这里开始……

本书的作者，深知您想要通过健身获得健康，却迟迟没有采取行动。

您的生活十分忙碌，锻炼这件事需要您生活中的其他人和事配合，如朋友、伴侣、孩子、工作等等。

您健身只是为了享受乐趣，就像与朋友出去吃顿饭或者出去玩儿一晚一样，所以把健身当作生活中日常的一部分。

您下定决心要开始健身，您希望有一个健身计划可以引导您逐步实现这个目标。

您的12周专属健身计划

1 承诺时刻

下定决心开始健身，这是很重要的一步……

2 开始健身

开始会很轻松愉悦，但您要做好健身的准备……

8 重新面对挑战

描绘12周健身结束后成功的蓝图……

7 在健身的路上不断前行

回头望，庆贺自己已经在健身这条路上走了很久……

9 使受益最大化

重温所有的锻炼，看看您能改进的地方……

10 顺畅地健身

即便健身计划进展顺利，也要保持专注……

3

休息、拉伸、休息

休息和拉伸是健身计划的重要一环……

4

健身是一种习惯

不知不觉地，健身已经成为您生活的一部分……

6

享受健康的生活

在认真健身过后，您可以享受健身带来的诸多益处……

5

轻松愉悦地开展健身锻炼

开始享受健身之旅，健身会变得更容易、更顺利……

11

胜利在望

现在您已经非常接近成功了……

12

就是这里，锻炼即将结束

现在您可以成功完成挑战了……

引言

您的12周健身计划，自此开始……

激动人心的12周健身计划自此开始。您买了这本书，并做出了想要改变生活的最重要的决定。通过仔细按照此健身计划（4~5页）来完成全面的身体锻炼，您的生活会发生积极的改变。我们慎重地将此次健身锻炼定为12周，因为12周的锻炼足够对您的生活产生积极的影响，并且12周的时间是相对可控的。试着回想12周前，您当时在做什么？是不是会感叹时间飞逝？

您可能听到过这样的问题："如何吃掉一头大象？"答案当然是"一次咬一口"。在接下来的12周中当然不需要吃大象（更像是野猪），但是12周健身与吃大象的道理一样：把一项大的任务分解成好管理的小任务，然后一个一个完成，以实现最终目标。

在日常生活中，人们总是下意识地做一些事情。例如，人们不会用一支刷子清洁整个房子。在打扫卫生时，通常先打扫浴室，然后打扫厨房，最后打扫书房，等等。如果觉得打扫整个房子的任务繁重，您可以这样告诉自己："我先打扫浴室，然后看看我自己是怎么做到的。"一旦您开始打扫，那您就很有可能继续下去，但您能开始打扫，是因为您在一个大任务中抽出了一个您可以完成的小任务。如果您一直担心整个任务的量过重，思前想后，您可能最终就放弃打扫而选择出门购物了。

一件事

现在您只需要关注一件事，那就是开始健身。不要试图刚开始就戒掉烟酒，只吃沙拉。如果试图一次改变太多，很有可能会坚持不下去。

最伟大的成就来自坚持最初的梦想，就像橡子最终会长成橡树一样。
——詹姆斯·艾伦

每个人开始健身都是有原因的。可能是因为朋友跟您说您的身材和容颜开始走下坡路了（没有什么比批评更能促使我们采取行动了），于是您就跟他赌气开始了健身。或者您可能一直在寻找减肥的方法。无论您开始健身的原因是什么，一定要记得把注意力集中在这个目标上，即：完成这个为期12周的全面身体锻炼。这才是关键。

跟随这本书开展健身，它会见证您的变化。不要期待在仅仅两次锻炼之后，您的小黑裙就能显现出您紧致的曲线。诸如感觉更健康、吃更健康的食物等这些积极的变化，很有可能会因您正确的健身计划自然而然地发生。但不要让这些因素变成功利的目标。如果您这样做，您很可能会失去健身的动力，甚至完全停止锻炼。那么，您能享受到健身带来的积极变化的可能性几乎为零。

听

倾听自己的身体。您可以通过感受身体的反应，来知道您什么时候舒服，什么时候难受。要跟随此健身计划，听从建议，也要知道您的身体才是最好的指导老师。

看

在您付出实际行动之前，确保自己能预见最后的成功。您的大脑和身体是一个团队，头脑是领导者，所以请务必花时间去构想最终的成功。

接下来可能是您想要跳过的部分，不要这样做！您需要花几秒的时间来想象这12周锻炼成功结束的时刻。我们知道这对有些人来说很奇怪，但请相信，这真的很管用。如果有可能的话，可以闭上眼睛，想象一下自己变得更健康、强壮，并且期待接下来的挑战。通过想象最终成功的结果，您会将成功的欲望植入头脑。

如何使用本书

好了，现在您已经想象出最终的结果，是时候开始采取必要的行动了。您能轻松地看出这本书被分成了12个阶段，即12周。每周都会对这一周的重点做简要概述。在前一周结束时阅读下一周的计划，以便有时间消化它。

与上面所述一样，想象一下本周锻炼结束成功的画面（来吧！您已经驾轻就熟了）。不要跳过这几秒的可视化画面，因为这对于给予自己信心非常重要。您还可以在食物、饮品、心理健康、睡眠等方面找到一些信息片段，这些完全可以运用到这12周里。

每周最重要的是您的健身计划和日记。在前一周结束时认真阅读下周计划，才会有足够的时间来理解吸收。同时，也要确保留出时间写日记来记录每日的活动，不要将日记慢慢退化成“有时间再做”，不然您会发现，一天结束之后您根本没有时间写日记。要像对待一场重要的会议或家长会一样，认真对待每一周的锻炼。

在有些页面底部，您会看到一些交通灯图标提示“需要做”“需考虑”及“不要做”等。这些是在锻炼中可以用到的小建议。您也会看到页面上有“奖励”，当这周锻炼完成的时候，给自己一点奖励是必需的，很贴心是不是？在右侧“日记”栏记录每天的感受，这是每部分结束的最好方法，之后回味起来也会非常有趣，您会惊讶于自己进步的速度。

在每一周的最后，总结一下自己在本周所取得的成绩。同样，利用笔记栏记下自己的想法和感受，不仅可总结本周锻炼的情况，还可帮助您为下一周的锻炼做准备。然后，您可以拍拍自己，给自己一个奖励。

何时

如果您是第一次或是长时间的休息之后开始锻炼，先做体检是非常必要的。向医生解释清楚您的计划，并征得医生的同意。

本周目标

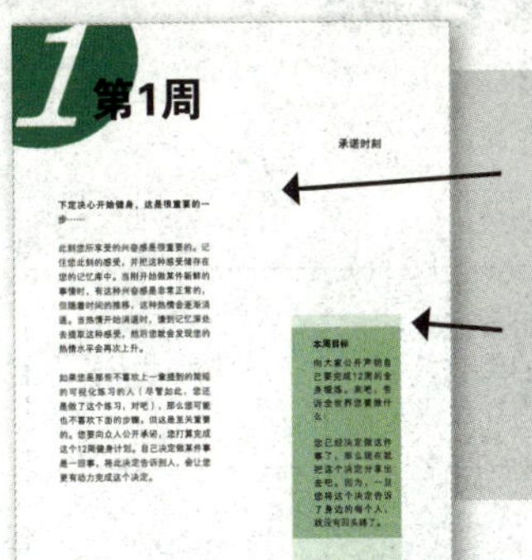

在每周结束时，阅读下周的锻炼内容，这样您才有时间来消化这些内容。

这个是您本周目标的概要。在这一节的其他地方，您会发现一些关于食物、饮品或保持心理健康的小建议。

健身计划

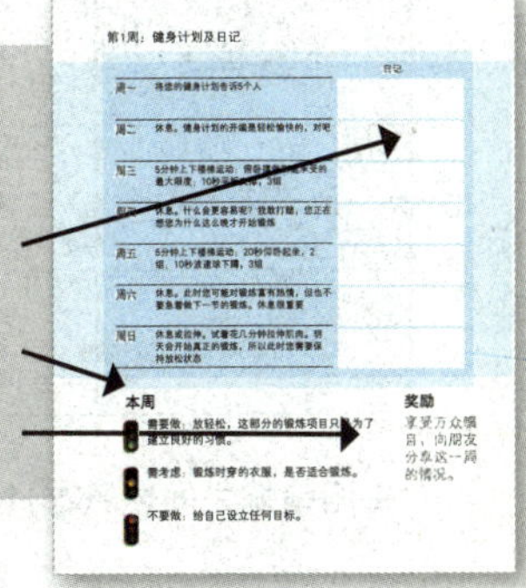

确保您把每周锻炼看得与约会一样重要，它们的确很重要。

写下您的感想，即便只是诸如“我今天去健身房时看到了史密斯太太，她看起来很美”或者“今天感觉很棒”这样的小感想。

这些是一周锻炼中可以使用的额外小建议。

这是您每周结束时所期待的奖励。

已实现的成绩

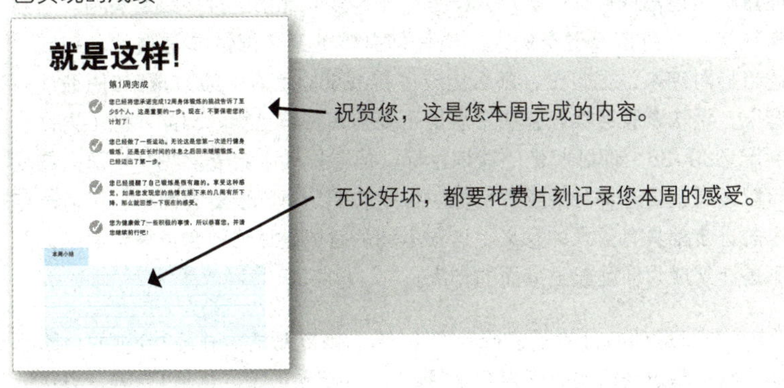

祝贺您，这是您本周完成的内容。

无论好坏，都要花费片刻记录您本周的感受。

12周全身锻炼目标

男性

台阶运动（心率恢复测试）（a）	低于15次/分
俯卧撑	20~25个
仰卧起坐	30~35个
波速球下蹲	45~60秒
平板支撑	45~60秒

女性

台阶运动（心率恢复测试）（a）	低于15次/分
俯卧撑	7~10个
仰卧起坐	20~25个
波速球下蹲	30~45秒
平板支撑	30~45秒

***每组锻炼之间休息2分钟。**

注意：上述锻炼目标的针对人群是那些钟爱吃比萨这种高热量食物、刚刚从扶椅上起身打算健身的人。也许您身体的某个部位非常强壮，完成上述目标对您来说很轻松，那么完成了挑战试验之后（第31页第2周锻炼内容），再次查看目标，并决定您是否要提高锻炼目标。例如，您（男性）制定了30~35个仰卧起坐的锻炼目标，但在挑战中完成了28个，那么您就可以考虑提高这部分的锻炼目标。但是，制定目标要量力而行，任何一点小的进步都具有重大的意义。这项运动的目的是让您的全身得到锻炼，而不是让您成为仰卧起坐方面的专家。

（a）台阶运动的目的是进行心率（HR）恢复测试。进行2分钟的台阶运动（每条腿迈台阶的时间大约是1秒），并记录心率。休息1分钟，再次记录心率。两次心率之间的差即心率恢复值。

锻炼

以下是12周健身计划中将会涵盖的锻炼内容。请仔细阅读，并确保您可以适应以下锻炼，否则就是浪费精力，并有可能对身体造成伤害。标记为“挑战锻炼”的部分，在12周锻炼最后的“全身锻炼”挑战中将会用到。本书会对每项锻炼选用合适的方式进行描述，在段末会有针对每项锻炼的“高”“中”“低”强度的锻炼方法介绍。例如，如果完成一个标准的俯卧撑对您有困难，那就试试在台阶上做俯卧撑（中强度）；如果还感到困难的话，可以试试在墙面完成俯卧撑（低强度）。通过锻炼逐渐增加自身力量，便可完成标准的俯卧撑。

上身

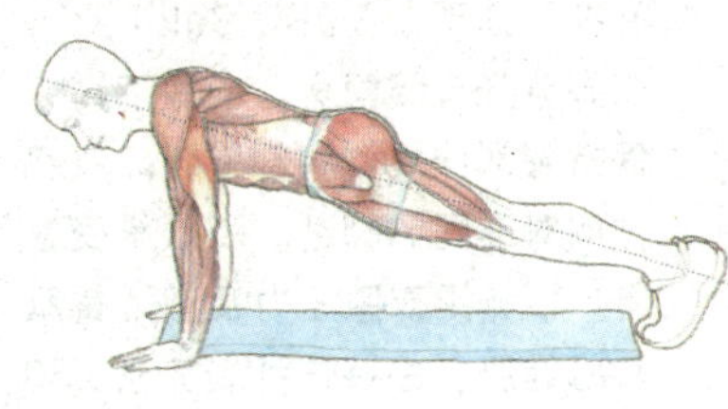

俯卧撑——挑战锻炼

锻炼部位：胸大肌、肱三头肌、肩部。

双手打开撑地，比肩略宽，将胸部降至与地板之间有一拳的距离，再慢慢回到起始位置。身体要始终保持平直，尤其要注意后背的形状。保持臀部与身体其他部位在一条直线上，集中注意力将胸部放低，保持身体挺直。高强度：手放在地板上。中强度：手放在台阶上。低强度：手放在墙壁上。

拉背

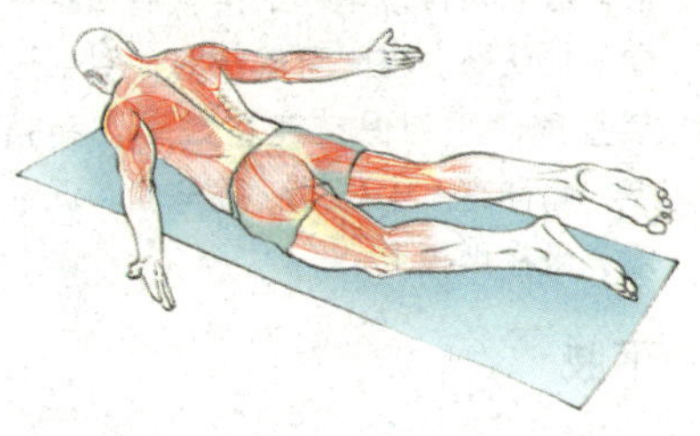

锻炼部位：腰背部。

面朝下平趴，手臂放于身体两侧，分开（像飞机一样），手掌向下，拇指微微向上翘起。把上身和腿同时从地板上抬起来，靠骨盆保持身体平衡。腹肌缓缓发力，臀部肌肉轻轻挤压，这会给背部支撑。缓慢进行上下移动，并有效控制。高强度：伸出手，指尖伸出来。中强度：双手放在身体两侧，手掌朝向天花板。低强度：手在肩膀下方。

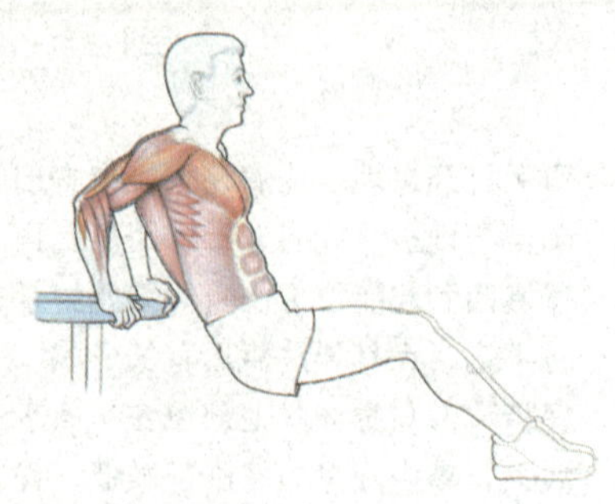

仰卧后撑

锻炼部位：肱三头肌。

将手放在凳子或台阶上，两手之间距离略宽于臂，脸扭向一侧。背部靠近长凳，肘部弯曲，将身体朝地面压低，然后再慢慢地向上推。肩膀保持向下拉状态。当降至底部时，肘部形成直角，手腕保持在直线上。高强度：腿伸直。中强度：腿弯曲。低强度：坐在地板上。

下肢

平板支撑——挑战锻炼

锻炼部位：腹肌、腰背部。

将前臂平放在地板上，肘部在肩膀稍后方，双腿伸直并压紧，摆好姿势。头顶、臀部和脚跟保持在一条直线上。背部保持平直十分重要，可保持骨盆的中心位置，保持脊柱的自然曲线。把身体重量放在脚跟上，可以延展脊柱。高强度：俯卧撑姿势。中强度：手肘着地。低强度：膝关节着地。

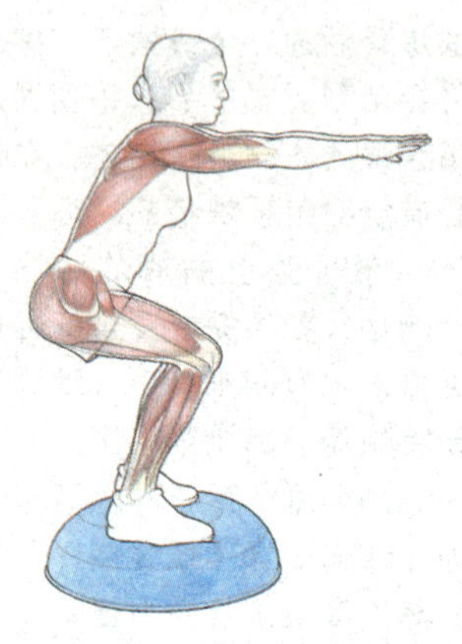

波速球下蹲——挑战锻炼

锻炼部位：股四头肌、臀肌、腘绳肌和小腿肌。

站在波速球（BOSU Ball）上，双脚分开与髋同宽。向后下蹲，保持背部伸展，胸部挺起。双膝方向对准同侧脚趾。脚跟承受重量，以分担双膝压力及激活臀肌和腘绳肌。保持这种姿势45~60秒。高强度：使用波速球。中强度：锻炼方法相同，但是双脚放于地面。低强度：双脚放于地面，背部靠墙。

侧平板支撑

锻炼部位：侧腹肌、腹肌和腰背部。

将一只手放在地板上，肘部与肩膀在一条直线上。髋平面与地面垂直。然后向上用力，就像您身下有一团火一样，直到身体与地面成斜角。与平板支撑一样，这个动作的关键是身体要保持在一条直线上。必须保持背部的自然曲线，延展双腿有助于保持背部拉长。高强度：用双脚和一只手保持平衡。低强度：膝关节着地（膝关节必须放在正确的位置）。

静态弓步

锻炼部位：股四头肌、臀肌、腘绳肌和小腿肌。

双脚与髋同宽，保持膝关节放松，身体挺直，然后一脚后退一大步，后脚跟离地。后膝放低至地面，前膝对准中趾。将自身重量放在前脚跟，同时前膝不要向前移动。轻轻夹紧骨盆。保持双腿打开，向上提拉身体，前膝变直，重复此动作。此动作要上下进行。高强度：膝关节放低至地板。中、低强度：膝关节不要那么低。

交替弓步

锻炼部位：股四头肌、臀肌、腘绳肌及小腿肌。

与静态弓步一样，但不要将后腿放回起始位置，不要保持双腿打开状态不动，交替两条腿进行重复锻炼。高强度：后膝放低至地板。中、低强度：膝关节不要那么低。

核心

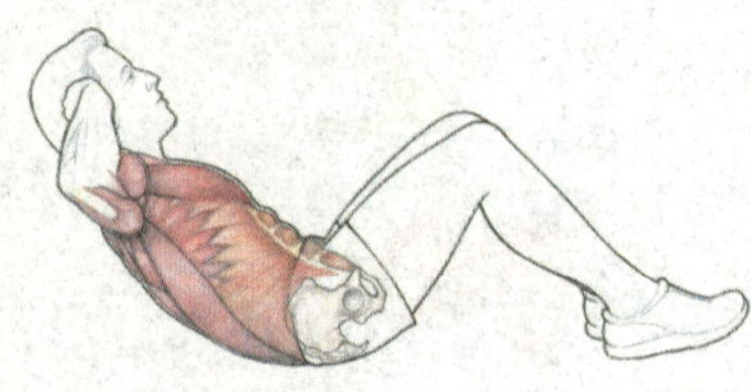

仰卧起坐——挑战锻炼

锻炼部位：腹肌。

仰卧，双脚平放在地板上，膝关节弯曲。用手轻轻撑头，但不要用手拉脖子。卷腹，用腹肌抬起上半身，肩胛骨与地面成45°角。抬起上身，但不要抬脖子。这个动作的关键在于让肩胛骨离开地面，视线看向膝关节的最高点。为了得到更好的锻炼效果，可以把肚脐轻轻收向脊柱。高强度：身体抬高到45° 。中、低强度：身体不要抬得太高。

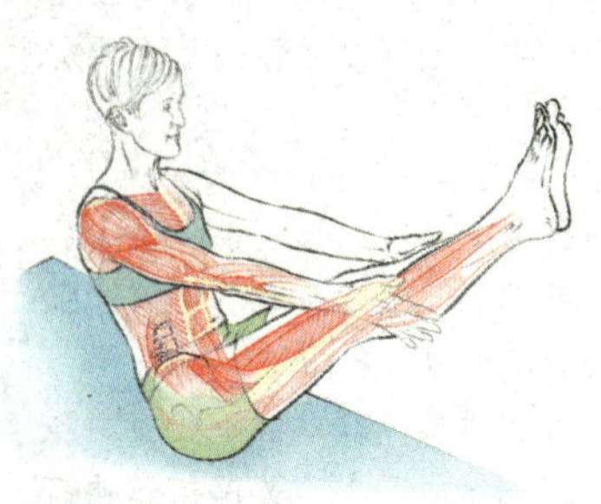

抬腿

锻炼部位：上腹肌。

平躺，双臂放在身体两侧。同时上抬双腿和上身，身体形成“V”形，然后下落。动作要缓慢而有控制。下落时要确保可以全力控制身体。高强度：同时上抬双腿和上身。中强度：上抬时弯曲膝关节。低强度：双脚放于地面，只抬上身。

深蹲

锻炼部位：股四头肌、臀肌、腘绳肌、腰背肌和小腿肌。

保持膝关节放松，轻轻挤压腹肌和臀部。将臀部后压，就像坐在椅子上一样，然后将身体放低，直到大腿与地板平行。回到起始位置。将所有重量都放在脚跟，以最大限度地锻炼臀部和腘绳肌。确保背部保持伸展，并保持膝关节对准脚中趾。如果很难保持平衡，可以把手放在桌子、墙壁或类似的支撑物上，但不要让其发力。高强度：将下肢压低，直到大腿与地面平行。中、低强度：下肢不要压至太低。

有氧运动

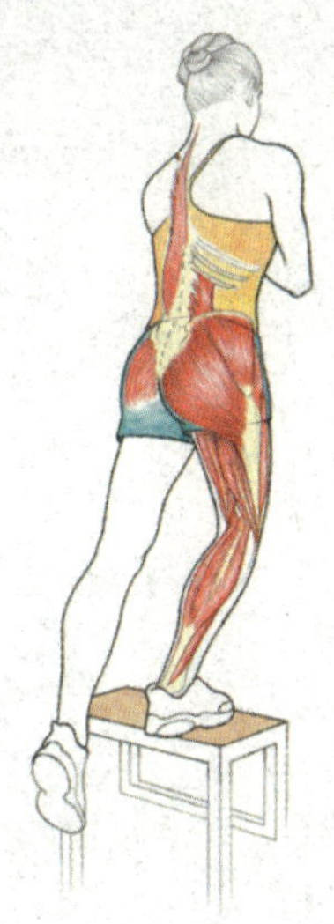

台阶运动——挑战锻炼

锻炼部位：股四头肌、臀肌、腘绳肌和小腿肌。

离台阶或长凳约30厘米（12英寸）处站立。先抬起一只脚，再抬起另一只脚，保持脚和膝关节角度正确。当第一只脚踩到凳子上时，注意脚跟着地。这可以保证您在长凳上的稳定，并可以锻炼对应的肌肉。保持身体挺直和延展，避免臀部前倾。高强度：负重锻炼。中、低强度：使用较低的台阶。

杰克跳

想想经典的陆军电影里面的锻炼。将双腿并拢，双臂放在身体两侧。向上跳一小步，与此同时，将双腿分开（在落地时，双腿分开），同时将手臂向上抬起，在头顶处拍手。再跳一小步，双臂和腿恢复至起始位置。高强度：手臂边抬高边晃动，再拍手。中、低强度：不在头顶拍手，轻拍身体两侧手臂。

其他：抬膝慢跑，散步，上下楼梯运动……

注意：运动量达到“最大”意味着您应该使出浑身解数，直到您感到疲劳而导致动作不到位。

- 可以使用哑铃、瓶装水、阻力带、罐装物或其他可以手握的东西进行负重练习。
- 锻炼应循序渐进，逐渐增加难度。有一些练习（如平板支撑）是非常具有挑战性的。如果在运动过程中或运动后感到头晕或者不舒服，应选择其他可以锻炼该身体部位的运动。
- 有氧运动的强度达到80%就足够了，不需要全力以赴。
- 锻炼之间的休息时间应该在30~60秒，测试的时候除外，测试时要休息2分钟左右来恢复体力。

第1周

承诺时刻

下定决心开始健身，这是很重要的一步……

此刻您所享受的兴奋感是很重要的。记住您此刻的感受，并把这种感受储存在您的记忆库中。当刚开始做某件新鲜的事情时，有这种兴奋感是非常正常的，但随着时间的推移，这种热情会逐渐消退。当热情开始消退时，请到记忆深处去提取这种感受，然后您就会发现您的热情水平会再次上升。

如果您是那些不喜欢上一章提到的简短的可视化练习的人（尽管如此，您还是做了这个练习，对吧），那么您可能也不喜欢下面的步骤，但这是至关重要的。您要向众人公开承诺，您打算完成这个12周健身计划。自己决定做某件事是一回事，将此决定告诉别人，会让您更有动力完成这个决定。

本周目标

向大家公开声明自己要完成12周的全身锻炼。来吧，告诉全世界您要做什么！

您已经决定做这件事了，那么现在就把这个决定分享出去吧。因为，一旦您将这个决定告诉了身边的每个人，就没有回头路了。

一旦全心投入，您目标的实
现就得到了保证。
——迈克尔·道格拉斯

第1周：健身计划及日记

		日记
周一	将您的健身计划告诉5个人	
周二	休息。健身计划的开端是轻松愉快的，对吧	
周三	5分钟上下楼梯运动；俯卧撑做到能承受的最大限度；10秒平板支撑，3组	
周四	休息。什么会更容易呢？我敢打赌，您正在想您为什么这么晚才开始锻炼	
周五	5分钟上下楼梯运动；20秒仰卧起坐，2组；10秒波速球下蹲，3组	
周六	休息。此时您可能对锻炼富有热情，但也不要急着做下一节的锻炼。休息很重要	
周日	休息或拉伸。试着花几分钟拉伸肌肉。明天会开始真正的锻炼，所以此时您需要保持放松状态	

本周

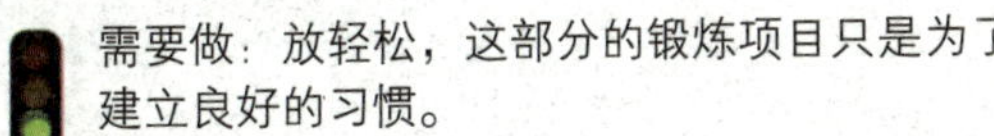

需要做：放松，这部分的锻炼项目只是为了建立良好的习惯。

需考虑：锻炼时穿的衣服，是否适合锻炼。

不要做：给自己设立任何目标。

奖励

享受万众瞩目，向朋友分享这一周的情况。

一旦您向众人宣布了自己的决定，就很难放弃了。同事骄傲地向整个办公室的人宣布他们正在戒烟，然而几周后他们在偷偷吸烟时被您看到了，他们会羞怯的，不是吗？因为没有人喜欢失败，亦没有人喜欢向别人表明“我失败了”，或者向别人证实自己没有成功的决心。这种感觉实际上阻止了很多人分享自己的梦想，更糟糕的是，很多人完全停止了一些梦想。但是因为您选择了这本书，我们可以从中看出，您并不是他们中的一员。

所以，现在是时候将您的健身计划告诉至少5个朋友、家人或者同事。这是您健身计划的第一天，您不会想现在就跳过第一天的，对吗？

试着与人面对面地说这件事（如果您想与之分享的人离您很远，也可以打电话）。如果您不觉得太夸张，也可以发电子邮件或者在网络社交媒体上留言给他们，但是如果当面说这件事的话，效果会更好。

20

这是您这周锻炼的分钟数。这可能比您花时间与朋友喝咖啡，甚至比看您最喜欢的电视节目的时间都要少。锻炼其实也没有占用您很长时间，不是吗？就像您为安排其他任何活动留出时间一样，要确保您有锻炼的时间。

在事业、生活和感情中，敢于承诺，反而是最轻松的。

——安·莫里斯

女性锻炼程度

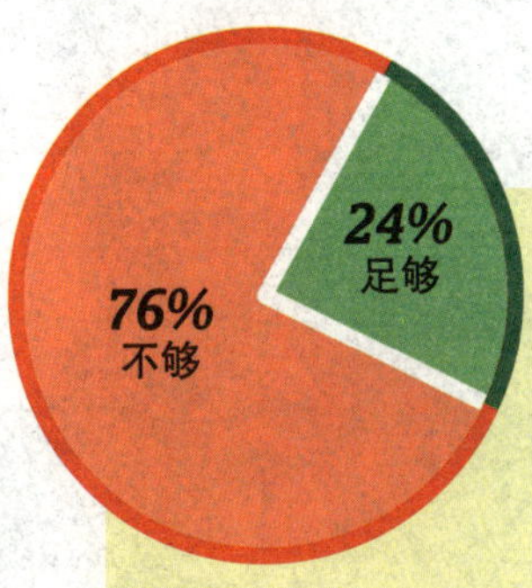

英国政府的健康指南指出：在英国，只有24%的女性（37%的男性）进行了足够的锻炼。很好，您已经加入他们的队伍了！

数据显示，大多数人非常容易陷入亚健康状态。如果您想在接下来的几周放弃锻炼，记得提醒自己这一点。

确保您将健身计划告诉了一些您觉得肯定会支持您的人（也许他们在接下来的12周也会加入您呢）。当您对某事件很兴奋时，分享给别人，别人却表示漠不关心，您觉得失落、很难理解。其实每个人都有自己这样或那样的喜好。您可能对集邮没什么兴致，但是依然有人会继续集邮。有些人甚至会打击您的计划或者嘲笑您的想法。不要被他们吓倒，而要用“证明他们是错的”这种想法来激励自己。大多数负能量的表现都来自那些自己没能力和决心做某件事的人。

一旦第一天的障碍消除了，您就只有两天的锻炼时间（周三和周五）了，然后第1周的健身计划就结束了。每一次的锻炼都包括简短的热身散步和一些简单的热身锻炼，这有助于肌肉适应锻炼的状态。这种锻炼一共只会持续几分钟，这仅仅是为了让您变得活跃。

即便是最不喜欢运动的人，也不得不在日常生活中做一些运动，如步行去公交车站或做家务等。所有这些活动都有助于保持您的健康，所以不要忽视这些运动。但这周您已经将一些“计划好的”锻炼引入了您的生活中，从承诺的角度来看，这是很重要的，这也是一种感觉良好的方式。为这些简单的锻炼留出专门的时间，就已经表示健身对您来说很重要。欢迎您开始全身锻炼！

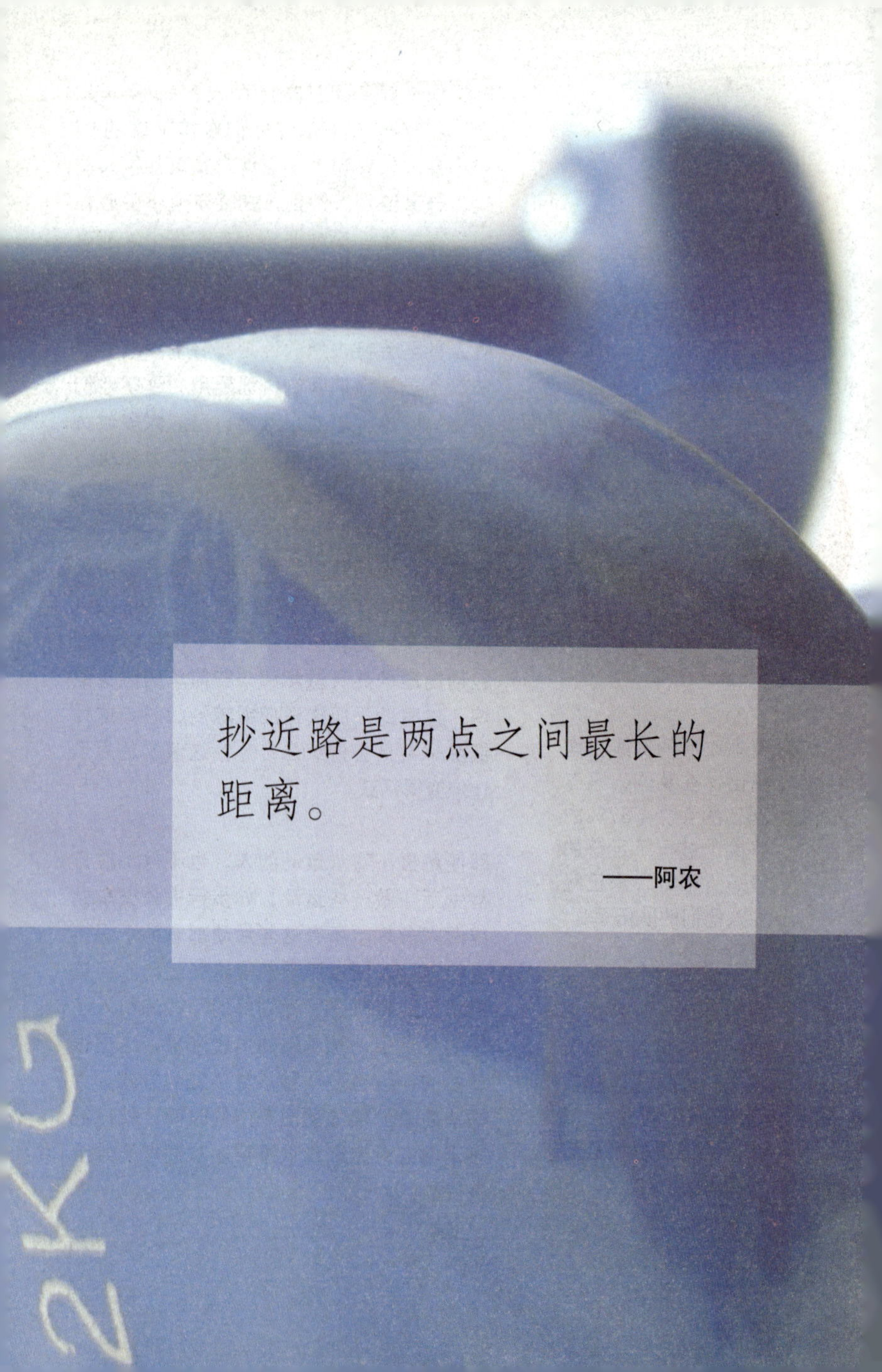

抄近路是两点之间最长的距离。

——阿农

就是这样！

第1周完成

- 您已经将您承诺完成12周身体锻炼的挑战告诉了至少5个人，这是重要的一步。现在，您的计划不要保密了！

- 您已经做了一些运动。无论这是您第一次进行健身锻炼，还是在长时间的休息之后回来继续锻炼，您已经迈出了第一步。

- 您已经提醒了自己锻炼是很有趣的。享受这种感觉，如果您发现您的热情在接下来的几周有所下降，那么就回想一下现在的感受。

- 您为健康做了一些积极的事情，所以恭喜您，并请您继续前行吧！

本周小结

第2周

开始健身

开始会很轻松愉悦，但您要做好长期健身的准备……

这一阶段的一切工作都是为了做好准备。您应该好好想想接下来的几周您即将面对的是什么，并且为此做好心理准备。您应该已习惯为锻炼腾出时间，并且已经做了几组柔和的拉伸来放松四肢，现在是开始真正身体锻炼的时候了。

第一件要做的事是熟悉您在锻炼时使用的各种练习（12~17页）。我们已经将此项目中的锻炼内容精简，以保证过程简单，它们可以有效地增强您的上身、下身和核心力量。还有各种各样的运动可以帮助您增强心血管功能。

本周目标

不要做超出计划的附加锻炼，即便此刻您的锻炼热情高涨，您也要认可这一点。

慢慢增强健康水平、培养自信是实现最终目标最好的方法。在开始的时候用力过猛的人往往坚持不到最后。

今日事，今日毕。
——约翰·沃尔夫冈·冯·歌德

第2周：健身计划及日记

		日记
周一	挑战试验：每项有2分钟恢复体力的休息时间。1组最高强度台阶运动，进行心率恢复测试；1组俯卧撑；1组仰卧起坐；1组波速球下蹲；1组平板支撑	
周二	休息	
周三	5分钟快走步；10次仰卧后撑，2组；1组最高强度侧平板支撑（两侧皆做）；20次深蹲，2组	
周四	休息。如果有时间可以做拉伸运动，但是要保证拉伸之前先热身	
周五	5分钟快步走；10次仰卧后撑，2组；1组最高强度侧平板支撑（两侧皆做）；20次深蹲，2组	
周六	休息	
周日	休息或拉伸。拉伸可以舒缓锻炼后的肌肉，可以为下一天的运动进行放松	

本周

需要做：提前计划好这周锻炼的内容，确保您知道每天的某一段具体时间是用来锻炼的。

需考虑：随身携带水杯，每天试着多喝2杯水。

不要做：如果某天无法锻炼，就很惊慌。不用惊慌，锻炼项目是很灵活的，您可以调换休息和锻炼的时间。

奖励

给自己1个小时的时间，双脚离地，好好放松。

一些锻炼是针对身体特定部位的（如仰卧起坐会锻炼腹肌），还有一些锻炼可以同时锻炼不同部位的肌肉（如深蹲可以锻炼臀肌、股四头肌、腘绳肌、腰背肌和小腿肌）。您很快就会发现您最喜欢的锻炼是什么，以及您害怕的锻炼是什么（因为这些锻炼可能会比较难），但是请坚持锻炼，因为这些锻炼可以综合提高您整体的力量和健康水平，这样您才可以为12周结束时的挑战做好准备。

许多练习是您熟悉的（如俯卧撑、仰卧起坐），但是也请您仔细阅读锻炼指导，确保进行每项锻炼时您都能正确掌握动作要领，这很重要，因为只有这样，您才能从每次锻炼中最大限度地受益，也可以避免受伤。如果您发现自己在任何运动中失去了该有的形式（如仰卧起坐时，用的是手臂提拉脖子的力量，而不是腹肌的力量），那么请停止这样做。本书提供的锻炼项目是经过精心设计的，不需要任何器械和设备，所以无论是在家还是在健身房都可以开展锻炼。如果您想负重练习，但是又不想购买器械，您可以用水瓶或罐装食品作为替代物。

2.4升

身体每天丢失或排出水分约2.4升（4.22品脱），因此我们每天需要补充这么多水分。虽然食物可以提供水分，但是每天喝足够的水也是非常重要的。只有喝足够的水，才能确保不会脱水。

考虑是否去做一件事，反而是
最浪费时间的。
——道森·特罗特曼

ENERGETIC
1.25KG

如果您不喜欢在锻炼时有人看您（不只是您有这样的感受），那么家可能是您锻炼的理想场所。但是，在健身房锻炼可以给您额外的收获，您可能会发现，如果周围有人在，会增加您锻炼的动力。当您锻炼时，您会获得自信，并且没有那么强烈的自我意识。不要担心，因为大多数在健身房的人只关心自己的样子，而不关心其他人是什么样的。

这周从一个试验挑战开始，这个挑战会贯穿您整个全身锻炼挑战。这在一定程度上是为了让您习惯于锻炼，更重要的是，您要衡量您的出发点是什么。每一项运动都要做到最大强度（说具体点，就是要做到您无法使用技巧，或者您感到力竭，真的无法继续再做），在每组锻炼中间应该休息2分钟。不要担心您只能做一个俯卧撑。按照您的能力做俯卧撑，休息2分钟，然后再看看您能做多少个仰卧起坐。

记住，这只是一个起点，如果您感到内心很挣扎、难过，也不要气馁，因为您还有很多周可以用来提升自己。如果您发现自己在某项运动中非常厉害，那对您来说是非常好的。例如，如果您可以做18个仰卧起坐，而您最终的目标是20~25个（女性），那么您可能要考虑提高您的挑战目标。但是，不要在一个项目上用力过多，记住这个计划是为了提高您整体的健康水平。

每日摄入热量

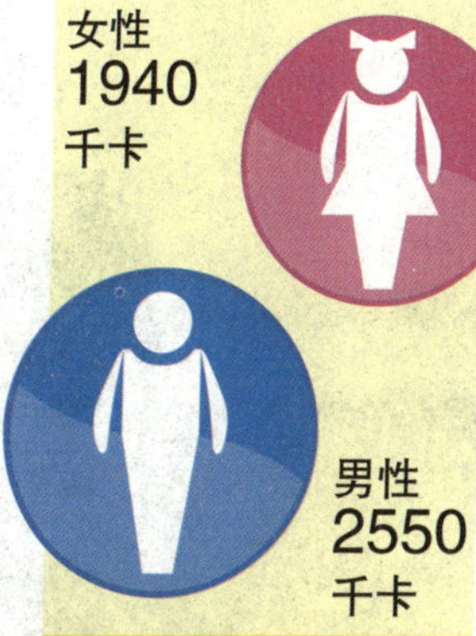

没有必要对热量过分执着，我们买的大多数食物包装上都清晰地标明了营养成分，所以我们很容易就能注意到摄入的热量。

一个人每天需要的热量取决于各种因素，如身高、体重和生活方式。上面这张图显示的是英国权威机构的估计平均值。

尺有所短，寸有所长。

——屈原

就是这样！

第2周完成

- 您意识到应该根据指导正确地进行每项锻炼，以最大限度地从中受益，并且有效避免受伤。
- 当您在锻炼时可能有些人会看着您，如果这会影响您，那就在家进行锻炼。
- 您已经试验性地完成了在12周全身锻炼后要进行的挑战。
- 现在您已经知道了自己开始全身锻炼时的水平。如果锻炼起来有困难，也不要气馁，因为还有很多可以用来提升的时间。

本周小结

第3周

休息、拉伸、休息

休息和拉伸是健身计划的重要一环……

有些人喜欢安静休息来放松自己，而另一些人就连静坐1分钟也有些困难。如果您觉得安静休息来放松自己对您来说很轻松，那么很好，因为休息是所有健身计划的重要组成部分。如果您是那种坐不住的人，那么您就要努力把计划中的休息部分做好。

休息很重要，因为当您运动时，身体会处于生理压力之下。实际上，您是在强迫您的肌肉比以前做更多的活动，所以它们需要通过休息来进行自我修复。一旦休息得当，身体就会准备好下一次的锻炼。那么，在下一次的锻炼中，您就可以增加强度。不断重复此过程，肌肉就可以得到进一步的锻炼。

本周目标

了解休息日的重要性。现在休息就不难了吧？休息日是您锻炼后身体恢复和重塑的时间，所以要重视。

您还要努力获得良好的睡眠，并养成锻炼前后拉伸的习惯。

压力应当是强大的驱动力，而非障碍。

——比尔·菲利普斯

第3周：健身计划和日记

		日记
周一	5分钟快步走；10次仰卧后撑，2组；10次仰卧起坐，2组；20次深蹲，2组	
周二	休息	
周三	10分钟上下楼梯运动；10次拉背运动，2组；15次抬腿，3组；每侧10次静态弓步	
周四	休息。希望此时您已经习惯了在休息日进行拉伸运动，即便只有几分钟也可以	
周五	5分钟快步走；10次仰卧后撑，2组；10次仰卧起坐，3组；20次深蹲，2组	
周六	休息。好好享受轻松愉悦的周末	
周日	休息或拉伸。记得提前看下周锻炼内容，并在您的电话记事本或日记中记录您的锻炼日程	

本周

需要做：锻炼时开始思考您的姿势是否正确。

需考虑：把水果添加到食谱中。

不要做：在锻炼时，把强度定得太高。这样不利于塑形。

奖励

去做次按摩。

在接下来的几周里，您要不断地重复这一过程——一点点增加锻炼强度，然后通过休息来恢复体力。慢慢地，您的健康水平一定会得到提高，当然，也就可以实现您的最终目标，即完成全身锻炼。

想要花一整天的时间来完全放松是不现实的（除非您有一个非常友善的老板，他不介意您在办公桌前打盹儿），但您可以留出时间来做一些相对安静的活动，如阅读、看电影等。在休息日也不要做整理花园这样的事情，这不能帮助您很好地恢复身体。如果您真的坐不住，可以做一些低强度的事情，如熨衣服。

现在，我们说一说休息之王——睡觉。我们都知道晚上睡不好，第二天是什么感觉。而且我们大多数人都知道，如果我们在晚上工作或聚会，第二天几乎是不可能正常工作的。因为锻炼，您的身体会需要更多的睡眠，所以在您的生活方式允许的范围内，在接下来的几周内尽可能规律睡眠。每天晚上有规律的睡眠比把自己逼到极限，然后用一到两个晚上去“补觉”要好。

38%

运动有利于身心健康，如果不喜欢进医院，就多运动吧！英国的一项研究发现，不爱运动的人在医院里的时间比爱运动的人要多38%，相比之下，他们要多花5.5%的时间去看医生，并多花13%的时间来接受专业治疗。

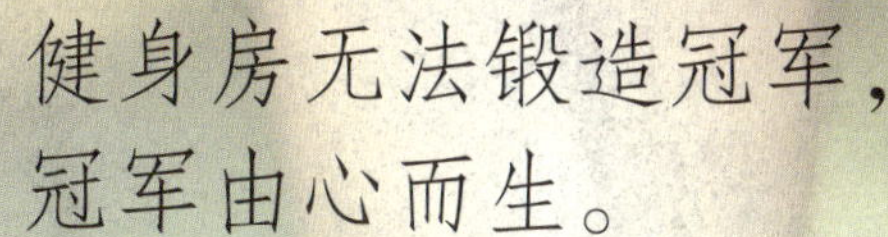

健身房无法锻造冠军，
冠军由心而生。

——穆罕默德·阿里

锻炼的越多，身体越需要拉伸，在健身的早期尤其如此。因为肌肉在做一些它们很久没有做过的运动，所以容易出现肌肉紧绷和僵硬（就好比肌肉收缩一样）。最好的缓解方法就是进行拉伸。

很多人会跳过拉伸，因为他们太急于开始“真正的”锻炼，而忽视了拉伸的重要性。然而，把拉伸纳入计划中是非常重要的。在每一部分锻炼开始之前，先花费几分钟来放松肌肉，在锻炼结束后也要通过拉伸使其放松，这会对结果产生巨大的影响。紧绷、僵硬的肌肉不能发挥它们最大的潜力。如果您有一段时间没有运动，那么您可能也没有做过拉伸。所以要记住，在开始时要非常轻柔，没有热身时更要如此。

您也应该养成在休息日做拉伸的习惯。即便每天只能在锻炼开始或结束时找到几分钟来做拉伸（洗完热水澡后拉伸尤其有效），您也很快就会感觉到放松肌肉的好处。事实上，每天都有空余的时间可以进行拉伸——在火车上、坐在办公桌前等。当然，您不可能在办公室有一个专门的空间做运动，但是还是可以在工作间歇的时候，转一转脖子或肩膀。

外卖所含的热量

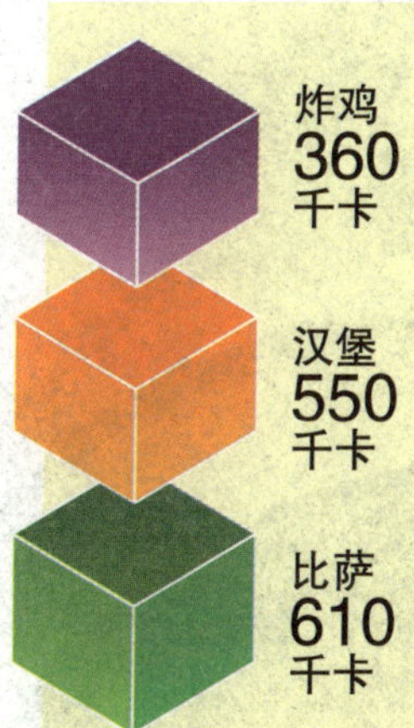

没有什么可以比得过美味的外卖，但是要注意热量的摄入。上图是肯德基炸鸡胸肉（163克）、一个巨无霸（215克）和一个必胜客6英寸（15厘米）比萨所含的热量。

上帝也没有在一天内完成所有事，何况我呢。

——阿农

就是这样！

第3周完成

- 您意识到休息日是健身计划中重要的一部分。您强迫您的肌肉进行超出它们平时的锻炼，那么休息日就是肌肉恢复的时间，并且可以为下一周的锻炼做准备。
- 您意识到规律的睡眠很重要，锻炼时尤其如此。规律的睡眠可以让您的身体保持持续的运动节奏，而非一味“追赶”进度。
- 您在锻炼前后都会花几分钟拉伸肌肉。
- 您意识到在休息日进行拉伸，对于进行下一周的锻炼和放松肌肉非常有帮助。

本周小结

第4周

健身是一种习惯

不知不觉地，健身已经成为您生活的一部分……

习惯是通过反复做同一件事而形成的。如果您某天醒来，突然觉得锻炼身体其实是个好主意，那么工作时间过长、身材走样、吃外卖等这些您可能养成的坏习惯就不会发生。

好消息是，养成良好的习惯也同样容易。您已经在锻炼的路上了，只需把锻炼坚持下去就可养成习惯。养成一个习惯的时间因人而异，但有一天您回头看，会发现您已经开始养成这个习惯，因为您会从床上爬起来，带上您的健身器材，甚至连想都没想就出门锻炼了。

本周目标

本周的目标就是通过不断的了解，在生活中养成锻炼的习惯。

与坏习惯一样，好习惯也是通过重复同样的活动而形成的。在您意识到这一点之前，您要把您的锻炼热情当作第二天性。

坚毅之于习惯就好
比骨骼之于身体，
乃核心所在。
——弗吉尼亚·伍尔夫

第4周：健身计划及日记

		日记
周一	5分钟快步走；1分钟杰克跳；15次拉背，2组；1组最高强度平板支撑；每侧12次静态弓步	
周二	休息	
周三	10分钟上下台阶运动；2组最高强度俯卧撑；12次仰卧起坐，2组；1组最高强度波速球下蹲	
周四	休息	
周五	5分钟快步走；1分钟杰克跳；15次拉背，2组；1组最高强度平板支撑；每侧12次静态弓步	
周六	休息	
周日	休息或拉伸	

本周

需要做：运动结束20分钟内，吃一些营养品，即便吃一些水果补充营养也可以。

需考虑：您每天喝了多少带咖啡因的饮品。

不要做：如果锻炼效果没有立竿见影，失去耐心。只要坚持锻炼，总会见效的。

奖励

给自己放松一天。吃您想吃的，不用做任何锻炼。去享受吧！

有很多事情促进您完成本日目标。首先，您需要继续把您的健身计划记录在手机或日记里，这样每一次锻炼都可以像一次重要约会一样被记录下来。

不要因为某个人突如其来的聊天，或是下雨了您可能会在去健身房的路上被淋湿等原因，就取消锻炼。如果锻炼这件事于您而言是重要的——我们假设它是重要的，不然您也不会坚持这么久——那么就继续保证您留出专门的时间用来锻炼（尽管，有些工作或家庭的紧急状况的确要比锻炼更重要）。

然而，如果您确实发现自己偶然错过了某一次锻炼，也不要太担心，因为有时候生活就是会扰乱您的计划，您不得不接受。尽量避免错过太多的锻炼，否则养成锻炼这个习惯的过程会被打断。

66天

养成一个习惯平均需要66天，虽然这是平均的时间，但是将陌生的行为转换为自动的习惯，有的人耗时更短，有的人则更长——所以请您坚持下去，不久，运动就将成为您的习惯。

事情自希望开始，最后变成习惯。
——莉莲·赫尔曼

有多少人有充足的睡眠？

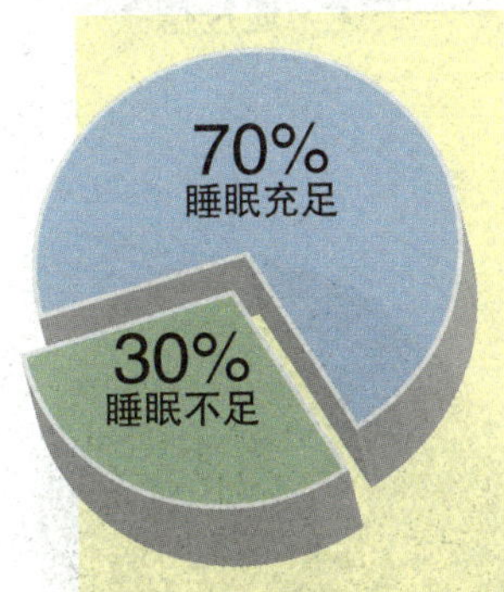

美国一项调查显示，30%的人没有充足的睡眠（至少睡够6小时才叫睡眠充足）。

睡眠不足会导致各种各样的健康问题，并很难进行健身和身体锻炼，所以要确保自己是70%睡眠充足人群中的一员。

您能做得最好的事情之一，就是将锻炼安排在一天中最不可能被打扰的时间里。您有没有遇到过这样的老板——就喜欢在午餐时间给您一堆要处理的文件，并且马上就要处理完，那么午餐时间对您来说就不是锻炼的最佳时间。您有三个需要被照顾的上学的小男孩儿吗？如果有的话，那么早晨就不是最佳锻炼时间。但把孩子们送到学校后，您可能有几个小时的空闲时间。或者有没有可能您提前完成工作，然后给自己留一些时间？有些人喜欢在清晨锻炼，有些人喜欢下班后锻炼，有些人则在家人都睡了之后再锻炼。找到最适合您的锻炼时间。

记住，要对生活里存在的变数有一定的灵活性。如果您喜欢早晨锻炼，但是刚好您的老板要在周三召开晨会，那么您就可以把锻炼改到午餐时间或者下班后。

找一个健身伙伴，是坚持锻炼的好方法之一。您是一个人锻炼的话，您醒来后，感觉有点累，可能会继续睡觉，而不去健身房了。但是如果您有一个朋友正等着您一起去健身，那么您就不大容易睡回笼觉了。健身伙伴之间也可以互相激励。假如有一天，你们当中的某一个人感到有点沮丧——伙伴的一个微笑或一句鼓励的话，就可以帮助其摆脱负能量。

日常的一天，是我们一生的缩影。

——安妮·迪拉德

就是这样！

第4周完成

- 您正在逐渐形成锻炼的好习惯，并开始摒弃之前久坐不起的坏习惯。
- 下定决心坚持养成锻炼的习惯，因为您明白所有的习惯都是需要花时间养成的。
- 把您的健身计划写到日记里，开始像对待重要约会一样对待您的锻炼。锻炼不该因一时兴起做其他事而被搁置。
- 将健身锻炼安排在一天之中最不可能被打扰的时间，但是同时要灵活应对意外情况。

本周小结

第5周

轻松愉悦地开展健身锻炼

开始享受健身之旅，健身会变得更容易、更顺利……

几周前，您开始锻炼时可能会感到僵硬和尴尬。在经历了几个月（或者是几年）不运动之后，您那可怜的关节和肌肉已经习惯了安逸的生活……这种情况真的没什么好奇怪的。但是当您选择阅读这本书并开始按照其建议运动后，关节和肌肉又被拉回来锻炼了。

身体最棒之处在于它有很好的记忆力。即便是很久以前的事，身体依然记得它强壮和健康的那些日子。锻炼初期身体可能会有些酸痛，但随后，它就会像是一个不情愿帮您搬家的朋友，即便不情愿最终也会喃喃自语“哦，好吧”，开始接受这一运动。

本周目标

确保您在锻炼时保持轻松和放松。

这个阶段，您没有必要在技术或具体的细节上纠结。将注意力集中在想要锻炼的身体部位上，并在重复锻炼时感受它。

幸福首先来自于健康。
——乔治·威廉·柯蒂斯

第5周：健身计划及日记

		日记
周一	10分钟上下楼梯运动；1分钟定点慢跑；2组最高强度俯卧撑；10次抬腿，3组；2组最高强度波速球下蹲	
周二	休息。当您知道休息很重要后，休息日也感觉更好了吧	
周三	10分钟台阶运动；1分钟杰克跳；2组最高强度仰卧后撑；1组最高强度平板支撑；1组20次交替弓步	
周四	休息	
周五	10分钟上下楼梯运动；1分钟定点慢跑；2组最高强度俯卧撑；10次抬腿，3组；2组最高强度波速球下蹲	
周六	休息。记住，休息日很重要，不要再做额外的锻炼	
周日	休息或拉伸	

本周

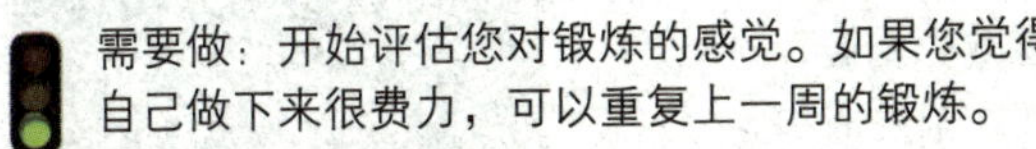

需要做：开始评估您对锻炼的感觉。如果您觉得自己做下来很费力，可以重复上一周的锻炼。

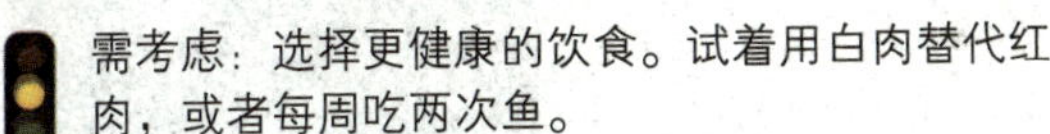

需考虑：选择更健康的饮食。试着用白肉替代红肉，或者每周吃两次鱼。

不要做：与他人比较。只关注自己的目标就够了。

奖励

给自己买一些新的运动装备。

您的身体也很擅长适应新事物。当开始锻炼时，身体可以很快适应，早期更是如此。身体快速适应，意味着您的身体正在快速变得健康。事实上，您越不健康，您的进步就越快。一切都有一线希望，不是吗?

在这个阶段最值得注意的事情之一是，当您锻炼时，您运动的流畅度或节奏有所改善。您的身体慢慢地适应了每一项运动所需要的特定动作，这意味着您的锻炼变得更有效率了。简单地说，在这个健身计划中，最好的方法就是开始做，并持续做下去。所以，请坚持下去，让您的身体适应并调整到合适的状态。然而，即使您应该相信您的身体，正确锻炼也是很重要的。

正确地做每一项运动意味着您将会从中受益最大，毕竟，这本就是您一开始决定进行这12周全身锻炼挑战的原因。如果您动作变形，那么您的受益将会减少，最坏的情况就是您一直都在浪费时间并累积伤痛。

30分钟

体重56千克的人以每小时8千米（5英里）的速度跑步30分钟可以燃烧240千卡；体重75千克的人则会燃烧298千卡；体重85千克的人燃烧355千卡。如果是蛙泳，燃烧的热量分别为300、372和444千卡。如果骑行速度为大约每小时22千米（12~14英里），燃烧的热量分别为240、298和355千卡。

取得伟大的成就不是靠力量，
而是靠坚持不懈。
——塞缪尔·约翰逊

饮品中的热量

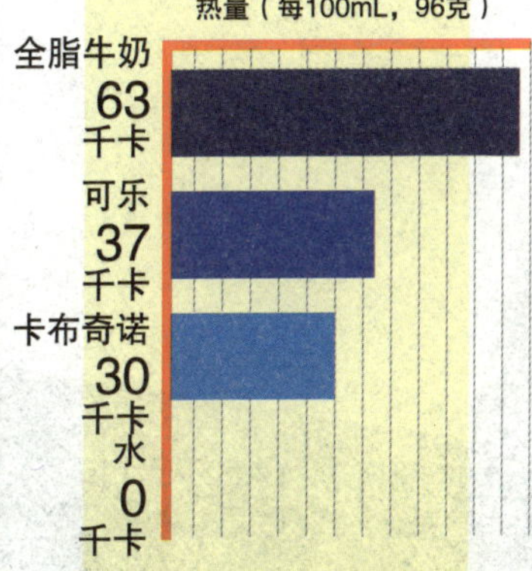

每天通过饮品也很容易摄入热量，不要让身体缺水，只需要平衡您喜欢的饮品种类即可。上图表显示了一杯牛奶、可乐、星巴克的全脂卡布奇诺和水所包含的热量。

重新阅读12~17页的每一项练习，让自己熟悉每一项练习的指导要点，并注意在每次重复练习中保持流畅和有效的动作。有些人听到健身房里提到的“技术”或“形式”这种词时会很担心，其实这只是“正确动作”的另一种说法。让您的注意力集中在身体特定的需要锻炼的部位，并且在每次重复练习中感受它。例如，仰卧起坐会拉起上半身，所以要感受到腹肌收紧。以这种方式集中注意力有助于使您有效达到目标（如仰卧起坐可以锻炼腹肌），并确保您保持良好的状态。为了让肌肉放松，您可以依次放松四肢，在完成每一项锻炼之后，轻轻地转动脖子。

在这个阶段，您可能会考虑请一位私人教练，如果其中一个或者多个锻炼使您感觉不舒服，请私人教练的想法会更强烈。私人教练可以向您解释您正在做什么，并能给您技术建议。

如果您是那种在开始新事物时热情高涨的人，毫无疑问，您一定会买当地一家体育用品商店里最新款、最华丽的装备。然而，如果您仍然穿着旧的短裤和宽松的T恤，那么是时候去买一些合适的运动装备了（即便您是在家里进行锻炼，也需要买一些基本的装备，如垫子和健身球）。专门准备的运动装备会让锻炼更舒适，同时也会让您在每次拉伸时感觉良好。

成功人士与其他人的差别不在于力量，也不在于知识，而在于对成功的渴望。

——文斯·隆巴迪

就是这样！

第5周完成

- 健身计划应该开始让您感到舒适。
- 您知道如果您坚持做某件事，那么您会做得越来越好。请坚持锻炼。
- 锻炼技巧很重要。如果某些锻炼对您来说有些困难，可以重新阅读12~17页的指南，并可考虑聘请一位私人教练。
- 如果在家健身，您要买一些基本的健身设备，如垫子、健身球等。

本周小结

第6周

享受健康的生活

在认真健身过后，您可以享受健身带来的诸多益处……

不健康带来的最糟糕的事情之一就是变得慵懒。这是一个恶性循环：您越是懒散，就越不想锻炼，也就越不健康。如此循环往复，虽每天挣扎，但也经常觉得力不从心，而且您也已经接受这是您的常态。但是，正如过去几周的欣喜发现一样，生活并不一定要以这种方式度过。

醒来时感觉精神抖擞、精力充沛（尽管有时候会有点僵硬）是锻炼的乐趣之一。突然间，您受到了某个东西的触动，重新焕发了活力。当这种感觉到来时，就请享受每一分钟，您已为此付出了很大的努力。

本周目标

享受您从锻炼中得到的好处。保持专注于锻炼和最终目标。

不要试图改变您的生活方式。通过专注于最终目标，您终究会享受由锻炼带来的其他好处。

您也看出来了，我现
在感觉很好。
——鲍勃·辛克莱

第6周：健身计划及日记

		日记
周一	5分钟快步走；20秒抬膝慢跑，2组；1组最高强度仰卧起坐；1组20次交替弓步	
周二	休息	
周三	试验挑战日：锻炼之间有2分钟恢复时间。1组最高强度台阶运动以用来进行心率恢复测试；1组最高强度俯卧撑；1组最高强度仰卧起坐；1组最高强度波速球下蹲；1组最高强度平板支撑	
周四	休息	
周五	尝试不一样的运动（如游泳、骑车），有趣的活动（如保龄球），或者去外面走30分钟	
周六	休息。在一整周的锻炼过后，好好享受休息日	
周日	休息或拉伸	

本周

需要做：享受锻炼。相信自己可以做到，并且放松自己。

需考虑：吃一顿有营养的早餐（如麦片粥）。

不要做：让自己脱水。随着锻炼量的增加，在锻炼的间隙要补充水分。

奖励

做一次印度头部按摩。

我们一直强调有必要把注意力集中在最终目标上，即完成全身锻炼的挑战，而不要被其他事情分散注意力。所以，即使您真的因此而减掉一些肉，鼓励自己可以吃得更好，但也不要忽略了在这12周的锻炼结束时您要达到的目标。其他的好处会在适当时随之而来，所以请顺其自然。

当您为自己设定这个目标时，您的潜意识就被释放了。随着健身计划的逐步推进和深入，您会注意到您对其他东西也开始感兴趣，如健身技术、特殊的装备等。这一情况可能会来得很慢，但是一定会发生。也许减肥和更好的饮食习惯也会随之而来。这就是为锻炼设定目标和潜意识所带来的力量。

这并不意味着您应该在这几周内把自己变成健身狂人。如果您喜欢喝点小酒，您的开瓶器就不会闲着。可以偶尔小酌一口，不要多饮，期待一下第二天的锻炼，您并不想让宿醉扫了锻炼的兴。如果您是一个汉堡热爱者，那么您不大可能会不叫外卖。但是也许您会被（更健康的）鸡肉而非通常吃的红肉所吸引。

5天

根据健康专家的说法，年龄在18岁以上的成年人每周至少要进行5天为时30分钟的中等强度的锻炼。运动不需要连续，但每次至少需要10分钟。

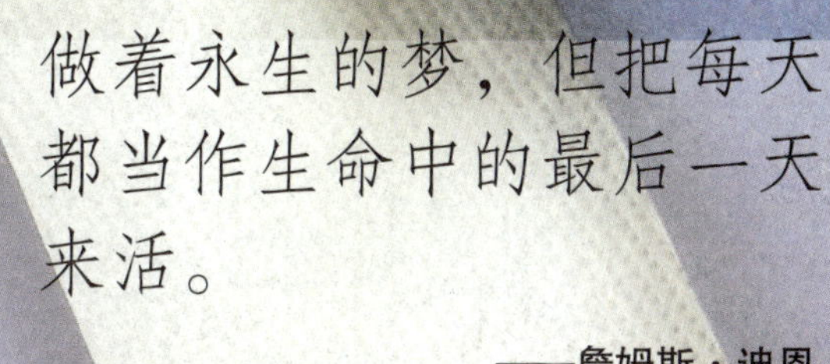

做着永生的梦，但把每天都当作生命中的最后一天来活。

——詹姆斯·迪恩

30分钟不同运动的热量消耗（千卡）

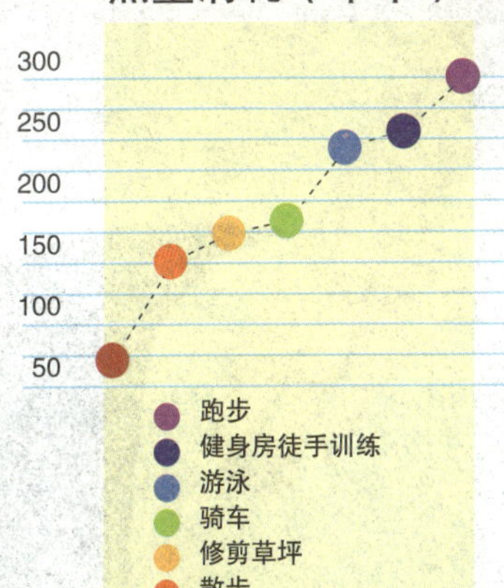

不同活动消耗的热量不同。值得注意的是，即使是一些日常活动也能帮助您保持健康。

上图显示了修剪草坪、以每小时6.5千米（4英里）的速度散步、以每小时19~22千米（12~14英里）的速度骑行、以每分钟46米（50码）的速度游泳，以及以每小时9.5千米（6英里）的速度奔跑以及健身房徒手训练所消耗的热量。

顺便说一句，如果您没有意识到这些（或类似的）生活方式的改变，您也不必担心。经常提醒自己，您所做的最积极的事情就是开始这个为期12周的健身计划，没有什么比这个更能改变生活方式了。

是时候开始思考挑战日的细节了。即便挑战日可能就是在家里或健身房里完成的，但试着把挑战日当成一件“大事”，而不要把它当成是另一个锻炼环节。您为此付出了很大的努力，所以让它成为一个特别的日子吧！有一些简单的小技巧可以帮助您在头脑中把它当作一个特殊的日子。您可以为这个场景买一个新的东西，在日记里将这天用红色字标出，或者在锻炼时用一个新的播放列表听音乐。在接下来的一周中，像这样做一件“大事”也会给您额外的刺激。

如果您一直在健身房锻炼，可尽量选择一段安静时间，这样您在完成全身挑战期间就不会被太多的人打扰。我们把挑战日定在周六或周日（第133页），这样您的时间可以有一定的灵活性。

如果您有一个健身伙伴，你们可以一起迎接挑战。如果没有，可以考虑让您的伙伴或者朋友来鼓励您。这意味着在完成挑战之后，您可以与人结伴出去庆祝一下——也许您还可能补上在锻炼时少喝的那一杯酒呢！

我没有失败，只是不巧碰到了一万种行不通的方式而已。
——托马斯·阿尔瓦·爱迪生

就是这样！

第6周完成

- 现在您可以感受锻炼带来的积极情绪了。因为您努力付出了，所以您可以好好享受这些感觉。

- 不需要改变生活中的每件事，要将注意力放在最终的目标上。

- 如果您还没有看到或感受到锻炼带来的好处也不需要担心。将锻炼的热情维持在高水平上，并努力锻炼，您会发现其他好处自然会随之而来，如减肥成功。

- 把挑战日当作一件“大事”，而不是只把它当作锻炼的另一个环节，这非常重要。

本周小结

2.5 LB

STANDARD

第7周

在健身的路上不断前行

回头望，庆贺自己已经在健身这条路上走了很久……

这是第7周的开始。您相信自己已经坚持了这么久吗？当然，您已经坚持了这么久，这毫无疑问。您是否觉得自己锻炼的还不够，或者感觉自己进步得很慢，并因此感到紧张，这是这周可能出现的心理变化，这些疑虑会开始蔓延。“我永远都做不到”“开始这个锻炼时我在想什么”……这些想法会不自觉地冒出来。

所有这一切都非常正常。在锻炼开始时，12周看起来似乎遥遥无期，然而，一转眼已经过去了一半。

如果现在感到恐慌，您的热情和能量水平会下降。您已经见到这几周健康状况的改善，这几周都是达到最终目标的基础。记住，刚开始时您身材有点走样，所以需要进行基础锻炼。在接下来的几周内，您将真正开始看到您的状况有所改善。相信这个健身计划，因为它是经过精心设计的，可以帮助您不吃力地完成全身锻炼挑战的目的。

本周目标

不要担心您没有做足够的锻炼。专注于终极目标。

此计划及其锻炼内容是经过设计的，所以您可以顺利地、成功地朝着您开始设定的目标前进。相信这个健身计划，并保持锻炼。

摒弃杂念，便会成功。
——罗伯特·安东尼

第7周：健身计划及日记

		日记
周一	5分钟台阶运动；20秒抬膝慢跑，3组；15次拉背，3组；10次仰卧起坐，3组；每侧12次静态弓步，2组	
周二	休息。不要在休息日做额外的锻炼，让身体适当地恢复	
周三	10分钟台阶运动；2分钟杰克跳；12次仰卧后撑，2组；20次交替弓步，1组	
周四	休息	
周五	5分钟台阶运动；20秒抬膝慢跑，3组；15次拉背，3组；10次仰卧起坐，3组；每侧12次静态弓步，2组	
周六	休息。留出专门的时间用来拉伸	
周日	休息或拉伸	

本周

需要做：在日常生活中变得更爱运动，如步行上班或者改乘电梯为爬楼梯。

需考虑：放弃每周小酌。酒精可降低能量水平，并可能使人体脱水。

不要做：开始跳过某些锻炼。锻炼几周后这种情况很普遍，但是只有连续的锻炼才能得到想要的效果。

奖励

奖励自己一顿美食。

找个时间让自己安静独处，庆祝已经取得的成绩。有些日子无论做什么都是艰难的，要接受这个现实。看看您在锻炼时都做了什么，下次锻炼时重复同样的想法和行动。把不好的情绪迅速收起来，把好的东西放在脑海里。

希望每次锻炼之后您都更新锻炼日记，并完成每周的周末总结。写日记对于明确想法很重要，把它们写在纸上可以让它们更具体。写日记还有另一个作用，这个作用也很重要——面对类似情景时，重读您的笔记。读到早期的一些日记，您尽可能地放声大笑吧。例如，“这是一场真正的斗争。”“今天太艰难了，我从来都不知道自己有这么不健康。”恢复您早期乐观的心态和高昂的热情。例如，“我累了，但我喜爱运动的每一分钟，现在我还想运动更多。”“这很有趣，不知道我为什么拖了这么久都没开始健身。”

7, 8, 9

我们大多数人都被告知，每天晚上需要“8个小时的睡眠”。专家建议成年人每晚睡7~9个小时。只有自己知道多长时间是适合自己的。试着养成规律的睡眠模式，而不是在周末“补觉”，因为这会扰乱睡眠周期。

如果健康唾手可得，那么每个人都会有个好身体。
——雪儿

如果您有一个健身伙伴，应该避免相互比较彼此的进展情况。你们要相互促进，但不要让这成为一场比赛，这才是健康的方式。记住，您是为了自己才开始的挑战，所以不要陷入毫无意义的竞争当中。如果您的健身伙伴在这个阶段看起来比您锻炼得更健康，您也不要担心，保持进步才是更重要的。

锻炼带来的健康

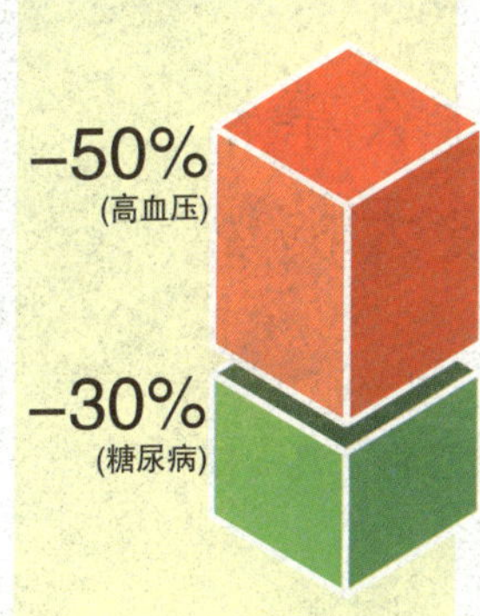

规律锻炼可以降低罹患慢性病的风险，如高血压（50%）、缺血性心脏病（40%）、糖尿病（30%）乳腺癌（27%）、中风（27%）等。

那么，如何利用您的挑战为慈善事业筹集资金呢？当然，您的许多朋友和家人都应该知道，您正在为全身锻炼挑战而努力，所以对于您和您的事业，这可能是一个做一些积极事情的好机会。如果您决定用这个挑战来为慈善事业筹集一些款项，那么这一天会更有意义。我们大多数人都有一个出于个人原因而支持的慈善机构，与这个您选择的慈善机构签约，会让您更有动力完成这个挑战。

慈善机构通常都欢迎这种活动，所以只要发一封电子邮件解释清楚您打算做什么就可以了。大多数的慈善机构都愿意支持筹款活动，如果您需要的话，他们会提供特别的支持，如赞助表格、海报，甚至是密封的收集箱。

于我而言，没有什么事情是确定的，但是漫天的繁星让我有梦可追。
——文森特·凡·高

就是这样！

第7周完成

- 距离全身锻炼挑战还有一段时间，所以不必担心此时还没有取得足够的进步。
- 通过阅读以前的日记，提醒自己已经取得了进步。
- 不再担心健身伙伴是否比您进步得更快。专注于需要做的事情，不要过于关注别人。
- 现在已经完成了整个计划的一半。您知道您会坚持到这里的，不是吗？做得好！

本周小结

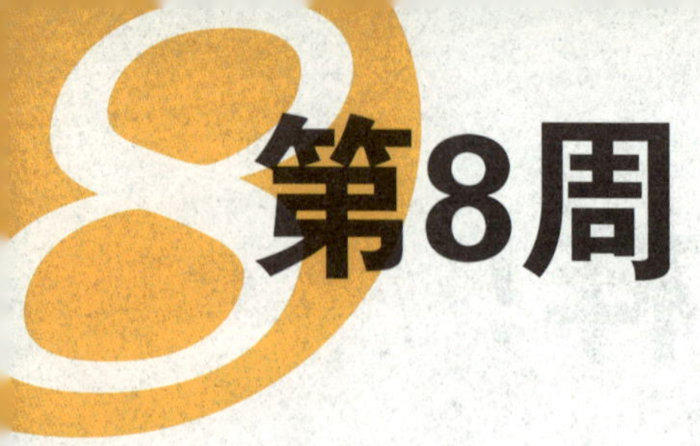

第8周

重新面对挑战

描绘12周健身结束后成功蓝图……

12周健身计划只剩下几周了。现在，是时候重新审视您的全身锻炼挑战目标了。尽管此时放弃锻炼比开始时的可能性要小，但令人惋惜的是，一些人在已经坚持健身这么久之后，还是放弃了。所以，为了确保您不会成为他们中的一员（您甚至没想过要成为他们中的一员，不是吗？），您应该重新确认健身的承诺。

那么，让我们回到健身计划开始的第一天，在这一天，您把即将进行的12周健身挑战告诉了5个人。现在，您要再做一次这件事情，不一定是相同的人。这一次会容易很多，因为您的很多朋友和家人都很有兴趣了解您的进展，所以无论如何他们都非常希望听到您的近况。

本周目标

通过告诉5个人您的进展，重新面对您的挑战。

将您的健身计划告诉5个人，是跟进健身计划很重要的一步。现在您需要听到自己大声谈论自己的进步！

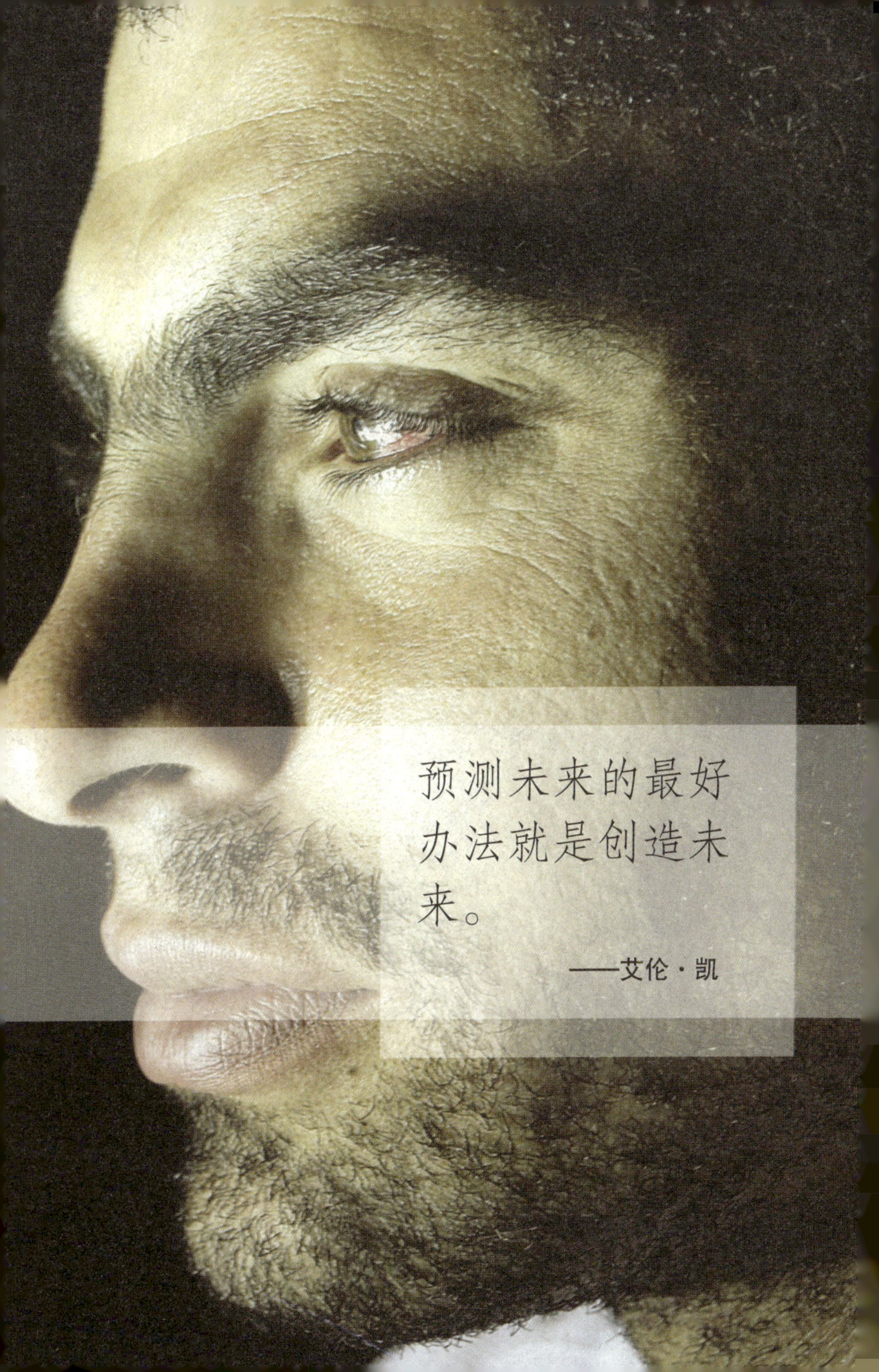

预测未来的最好办法就是创造未来。

——艾伦·凯

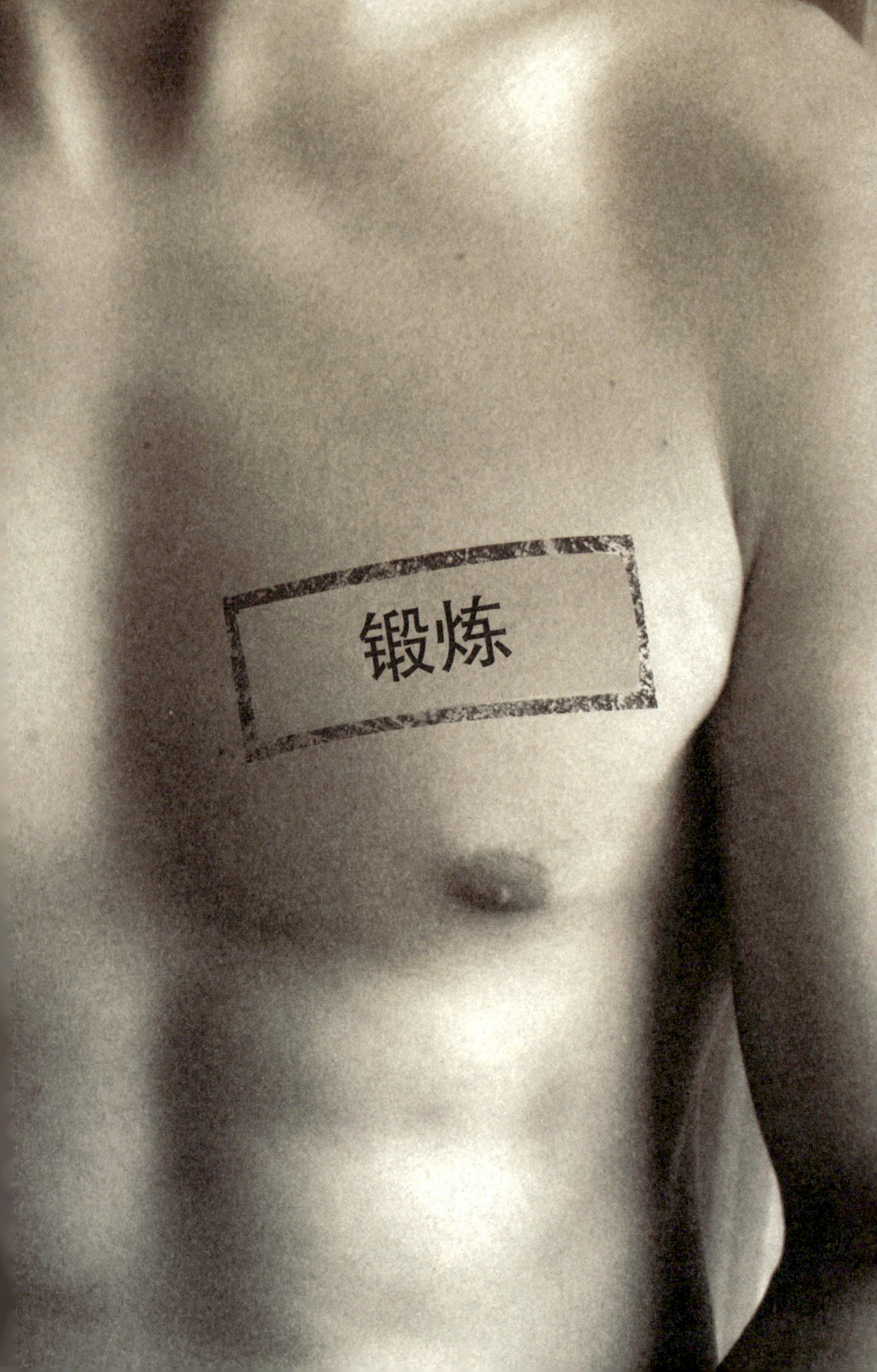
锻炼

第8周：健身计划及日记

		日记
周一	5分钟台阶运动；30秒抬膝慢跑，2组；20次拉背，2组；1组最高强度侧板支撑（双侧）；1组20次最高强度交替弓步	
周二	休息	
周三	5分钟上下台阶运动；5分钟慢跑；2分钟杰克跳；1组最高强度俯卧撑；30次抬腿，2组；30次深蹲，2组	
周四	休息	
周五	5分钟台阶运动；30秒抬膝慢跑，2组；20次拉背，2组；1组最高强度侧板支撑（双侧）；1组20次最高强度交替弓步	
周六	休息	
周日	休息或拉伸。接下来的几周对于挑战非常关键，所以确保您今天可以提前预习，并为接下来的锻炼安排好时间	

本周

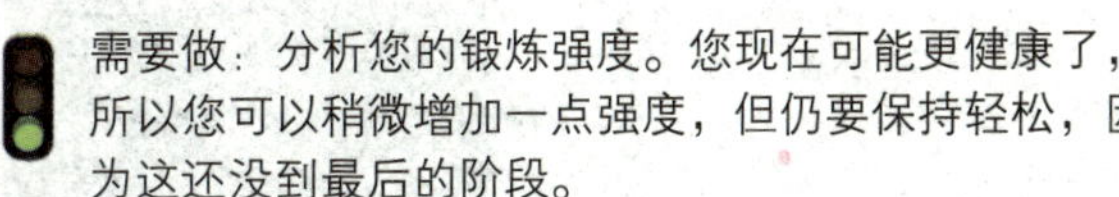

需要做：分析您的锻炼强度。您现在可能更健康了，所以您可以稍微增加一点强度，但仍要保持轻松，因为这还没到最后的阶段。

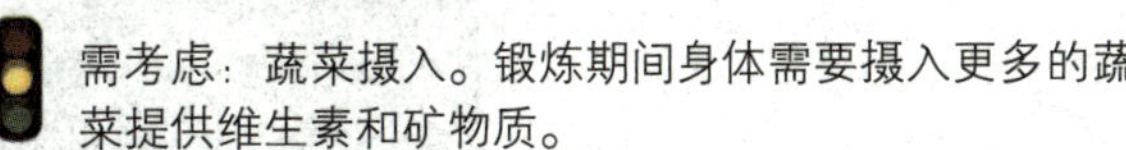

需考虑：蔬菜摄入。锻炼期间身体需要摄入更多的蔬菜提供维生素和矿物质。

不要做：吃很多零食。随着锻炼量的增加，胃口也会增加，但是要尽量选择健康的食物。

奖励

好好享受一顿您喜爱的外卖吧！

然而，如果您是那些对谈论自己想法感到畏惧的人之一，并且第一次做这件事时很挣扎，我们也承认这对您来说很困难。但是不要完全跳过这一步，因为它是整个健身计划的重要部分。

您当然不需要站在工作人员休息室的桌子上，拍着手来吸引大家的注意，再向同事大声宣布您的承诺。如果您愿意这样做的话，当然可以，只是您的同事可能觉得您这不是在健身，而是疯了。

试着把这个话题随意地插入对话中。像是："对不起，我得走了，因为我要去健身房了。我之前告诉您的健身计划只剩几周时间了。"这样的话，说起来会比较容易。

再次提出这个话题的方法之一是给您选择的慈善机构寄一份赞助表格。大多数人都乐于支持这种健康向上的生活方式，这会促使他们关心您的健身进展如何。无论哪种方式，您都要确保自己能够重新投入到挑战中去。

2

运动饮料含有两种重要的成分——电解质和碳水化合物。长时间的锻炼会使身体失去电解质。电解质可以维持人体内环境稳定，而碳水化合物可以提供额外的能量。尽管水对大多数爱运动的人来说总是很重要的，但也要注意补充电解质。可以试试运动饮料，看看您喜不喜欢喝。

承诺就像满月，若当时不兑现便会日渐消逝。

——德国谚语

这也是再次进行可视化练习的好时机——这一次要再加一点细节。毋庸置疑，您的头脑和身体是一起工作的。可能您的身体是可以做这项工作的，但是它总是要受大脑的控制。所以，让您的大脑告诉您的身体接下来的几周要做什么吧！

酒中所含的热量（千卡）

外出一晚所饮下的热量很容易计算。图中显示的是330毫升时代啤酒(酒精纯度4.8%)、175毫升(6盎司)杰卡斯莎当妮半干白葡萄酒（酒精纯度13%）、25毫升孟买蓝宝石金酒(酒精纯度40%)和275毫升(9盎司)WKD饮料公司气泡酒中所含热量的数值。

您的目标已经设定好了，只要一直专注于这个目标，您的大脑和身体就会朝着成功的方向继续努力。现在您可以先通过填充一些空白来帮助自己。花些时间想象一下您完成全身锻炼挑战的那天。在您的脑海中，您可以看到自己正准备去健身房，您把需要的东西——鞋子、袜子、短裤、洗漱用品等都装进包里。然后想象一下，当您到健身房时，工作人员会向您打招呼，然后“感受”您对于改变的期待（也许到达了新的高度），然后准备开始锻炼。现在想象一下，您顺利地进行了第一项锻炼，随着自信心的增加，您可能会听到来自健身伙伴的鼓励。

然后想象一下自己开始做最后的锻炼（平板支撑）。您知道锻炼快结束了。如果您选择将奖励也变成视觉化的一部分，您应该“记住”奖励（也许是在白天喝一杯小酒）。这被称为“未来记忆”，是您已经“记住”还没有发生的事情。然后让您的大脑想象您已经完成了挑战，打电话给一个支持您的朋友，让他或她知道您是如何做到的。在接下来的几周尽可能多地重复这个想象，因为这会在真正的挑战日来临时给予您帮助。

永不放弃。

——温斯顿·丘吉尔

就是这样！

第8周完成

- 您已经进入了12周健身计划的后半程，且仍在坚持。
- 通过向朋友、家人和同事讲述您健身的进展，您已经再次确认了您对完成全身锻炼挑战的承诺。
- 您知道自一开始，您的思想和身体一直在朝着您的目标努力，它们将会一直携手努力到本健身计划结束。
- 您已经在脑海中“看到”了挑战日的细节。当这一天真的到来时，事情会变得更顺利。

本周小结

第9周

使受益最大化

重温所有的锻炼，看看您能改进的地方……

如果基本动作是正确的，做的运动越多，就会感觉越舒服。因此，定期检查锻炼方法，并在必要时进行改进，可以让锻炼变得更容易、更愉快。使用正确的锻炼技巧也意味着可以从中获得最大的益处。

用本周的时间来回顾一下在这个12周健身计划中所有锻炼的技巧（12~17页），下次锻炼时，要有意识地思考每一个动作。回想一下已经完成的动作，然后问问自己是否有可以改进的地方。不要让动作太机械（分解每个动作时尤其容易发生这种情况），让头脑和身体一起工作，这样就可以对技术进行微调，而不会失去已经建立好的节奏。

本周目标

花点时间再看一遍12~17页的练习，看看哪些地方可以改进。

当您锻炼时，思考一下每一个动作，然后问问自己可不可以把动作做得更好。

锻炼有益心脏健康。

——吉恩·滕尼

第9周：健身计划及日记

		日记
周一	5分钟台阶运动；1分钟杰克跳；45秒抬膝慢跑；2组最高强度俯卧撑；2组最高强度仰卧后撑；20次拉背，2组	
周二	休息	
周三	5分钟上下台阶运动；45秒抬膝慢跑；30次抬腿，2组；2组最高强度平板支撑；1组最高强度仰卧起坐	
周四	休息	
周五	5分钟上下台阶运动；3分钟慢跑；30次深蹲，2组；每侧15次静态弓步，2组；20次交替弓步，3组	
周六	休息	
周日	休息	

本周

需要做：重新回顾每项练习的技巧。记住，正确、标准的动作才会得到更好的结果。

需考虑：参加集体练习，或者找一个健身伙伴。与别人一起锻炼，事情会变得更容易。

不要做：开始望向终点线。您做得很好，但是还要继续刻苦锻炼几周。

奖励

享受几杯您喜欢的饮品。

您全身锻炼挑战日包括5项练习：台阶运动、俯卧撑、仰卧起坐、波速球下蹲和平板支撑。做这5项锻炼时，要特别注意。

台阶运动是这个挑战的第一项运动，因为台阶运动可以有效热身，为接下来的锻炼做好准备（尽管您应该从拉伸肌肉开始）。更重要的是，台阶运动可以为您建立很好的节奏感（音乐对此也会有帮助）。慢慢地开始，直到您迈出步子，以一秒一步的节奏开始迈台阶。

注意保持身体笔直和延展（就像您试图用身姿给面前的老师留下深刻印象一样），迈上台阶时脚跟着地。一旦进入了节奏，您应该能感觉到腿部的力量，仿佛是腿带领您迈上每一个台阶。为了帮助您集中注意力，可将双臂交叉放在胸前；每只手拿一样重物（如一罐豆子），也有助于保持平衡，但是这样做会增加台阶运动的难度。

4或9

每克意大利面、面包、谷物、水果及蔬菜等食物中的糖分和碳水化合物的热量为4千卡，每克脂肪的热量为9千卡，是前者的两倍多。如果您想要变得健康和健硕，这些是应该知道的。

当您看到诸多困难时，通常是您忘记目标的时候。

——亨利·福特

通过做台阶运动可以测量心率恢复水平。心率会在运动中一直上升，一旦停止运动，越健康的人，心率恢复得就越快。能很快测得脉搏很重要，因为脉搏变化得相当快，不要在寻找脉搏上花费很长时间。如果准确快速地测得脉搏对您真的很困难，可以请朋友帮忙，也可以买个心率监测器。

均衡饮食

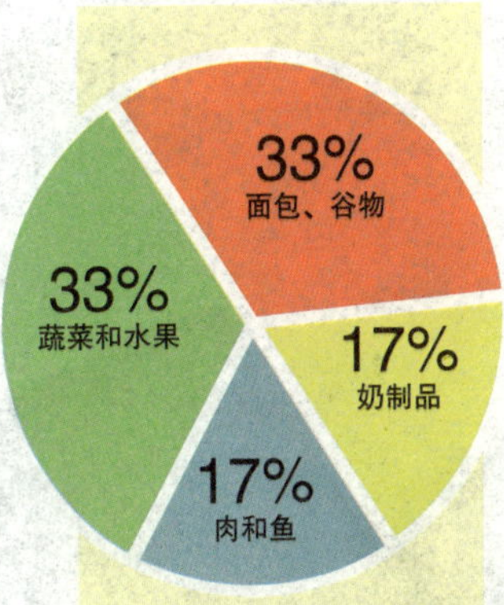

试着按照上图所示基本食物组合保持饮食均衡，每天都摄入上述食物，也要限制饮食中的脂肪量。

在2分钟的恢复之后，下一个运动项目是俯卧撑。俯卧撑是一项众所周知的运动，做俯卧撑时很容易忽略技术，所以要特别注意背部的形状。要竭尽可能地避免背部肌肉拉伤。

如前所述，做仰卧起坐时容易变得懒惰，因为这个运动太普遍了。要想从这项锻炼中获得最好的效果，要将肚脐拉向脊柱。如果真的想测试自己，那么可以边在练习球上平衡背部，边做仰卧起坐。

下一个项目是可怕的波速球下蹲！记着，因为您的腿已经做完了台阶运动，所以这个锻炼项目不会很容易。保持背部挺直，避免弯腰驼背。深呼吸，然后开始数秒。

在最后的项目——平板支撑里，背部挺直是关键。把身体定在感觉正确的位置，然后向后推脚后跟，这样可以让背部挺直。如果感觉自己的动作走样了，应重做。

一头熊，无论如何努力，总会因为不锻炼而胖嘟嘟的。

——阿·亚·米尔恩

就是这样！

第9周完成

- 在台阶运动中，建立好的节奏感是很重要的。慢慢地开始，以每秒抬一条腿的速度运动。
- 因为俯卧撑运动太平常了，很容易忽视技巧，所以在做俯卧撑时要注意背部的形状，避免下垂。
- 波速球下蹲很难，双腿会像燃烧一样可怕。保持背部挺直，时间过得会比想象得快。
- 做平板支撑时，背部是呈一条直线的。一旦摆好姿势，把身体重量放在脚跟上，以帮助背部呈直线。

本周小结

第10周

顺畅地健身

即便健身计划进展顺利，也要保持专注……

现在锻炼变得越来越容易了，不是吗？几周前，您穿上运动衣都有可能会气喘吁吁，但是现在您已经快能完成挑战了。所以这个阶段能出现什么问题？

您可能是对的。然而，仍然需要小心一点，因为有两种思维定式会导致前面所有的努力都前功尽弃，这就是为什么您要保持智慧，并专注于您的目标。这两种思维定式是过度自信和缺乏自信。您属于哪一种？如果有的话，很大程度上取决于您的性格。但无论哪一种，都有可能毁掉您想达到的目标。

本周目标

继续信任此项健身计划，让您见证最后的成功。

不要过于自信，也不要担心自己做得还不够，因为这两者都会导致您需要做额外的锻炼。避免这样的事情发生，因为这只会消耗您的精力。

靠毅力，蜗牛也可以爬上挪亚方舟。
——查尔斯·司布真

第10周：健身计划及日记

		日记
周一	5分钟上下台阶运动；1分钟杰克跳；45秒抬膝慢跑；3组最高强度俯卧撑；3组最高强度仰卧后撑；20次拉背，3组	
周二	休息	
周三	5分钟台阶运动；45秒抬膝慢跑；30次抬腿，3组；1组最高强度平板支撑；1组最高强度侧平板支撑（两侧皆做）；1组最高强度仰卧起坐	
周四	休息。您已经锻炼很多了，此时在休息日进行一些拉伸变得更重要	
周五	5分钟台阶运动；3分钟慢跑；30次深蹲，3组；每侧15次静态弓步，2组；20次交替弓步，2组；2组最高强度波速球下蹲	
周六	休息	
周日	休息或拉伸。确保拉伸之前的热身。接下来，您会迎来很重要的几周	

本周

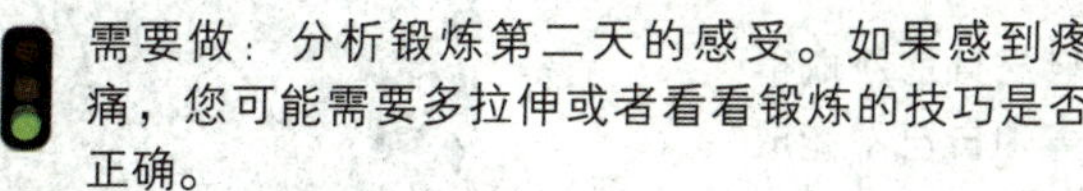
需要做：分析锻炼第二天的感受。如果感到疼痛，您可能需要多拉伸或者看看锻炼的技巧是否正确。

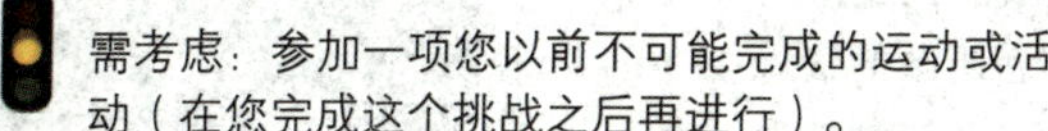
需考虑：参加一项您以前不可能完成的运动或活动（在您完成这个挑战之后再进行）。

不要做：为了节约时间，跳过热身和休息部分。

奖励

再好好放松一天，去吃喝玩乐吧！

自信是一件好事，但是过度自信会导致过度运动，因为您认为自己是不可战胜的。记住，您只是在几周前才开始这个健身计划的，即使您已经取得了飞速进步（顺便表扬一下，做得好），您仍然需要按照计划循序渐进。这个计划是经过仔细研究设计的，可逐渐增强您的力量水平和健康水平，直到您准备好了迎接最后一天——您的全身锻炼挑战。

所以，避免在锻炼时做超出设定的锻炼量，在您应该休息时不要做额外的锻炼。有时候，因为您在工作中很兴奋，所以您很容易为了好玩而做额外的练习（或者因为您觉得自己是战无不胜的）。如果以后您想成为一名健身爱好者，这是可以的，但是目前您要根据这个健身计划进行锻炼，否则您很可能会透支身体，也可能会受伤。如果您真的想做些额外的锻炼，那么就在休息日多做拉伸吧!

另一种情况是您对自己目前所取得的成绩缺乏自信，害怕自己不能成功。然而，这种情况最终的结果与过度自信非常相似：您所做的锻炼比原计划会多出很多。在这种情况下，您认为自己需要多补充一些锻炼内容，所以会做额外的锻炼，但其实它具有同样的破坏性。

17~19

澳大利亚和新西兰的研究人员发现，连续17~19小时不睡觉的人开车的状态比那些血液酒精浓度为0.05%（澳大利亚和许多欧洲国家对司机身体酒精含量的法律限定额）的人表现更差。不难看出，睡眠对于健康非常重要。

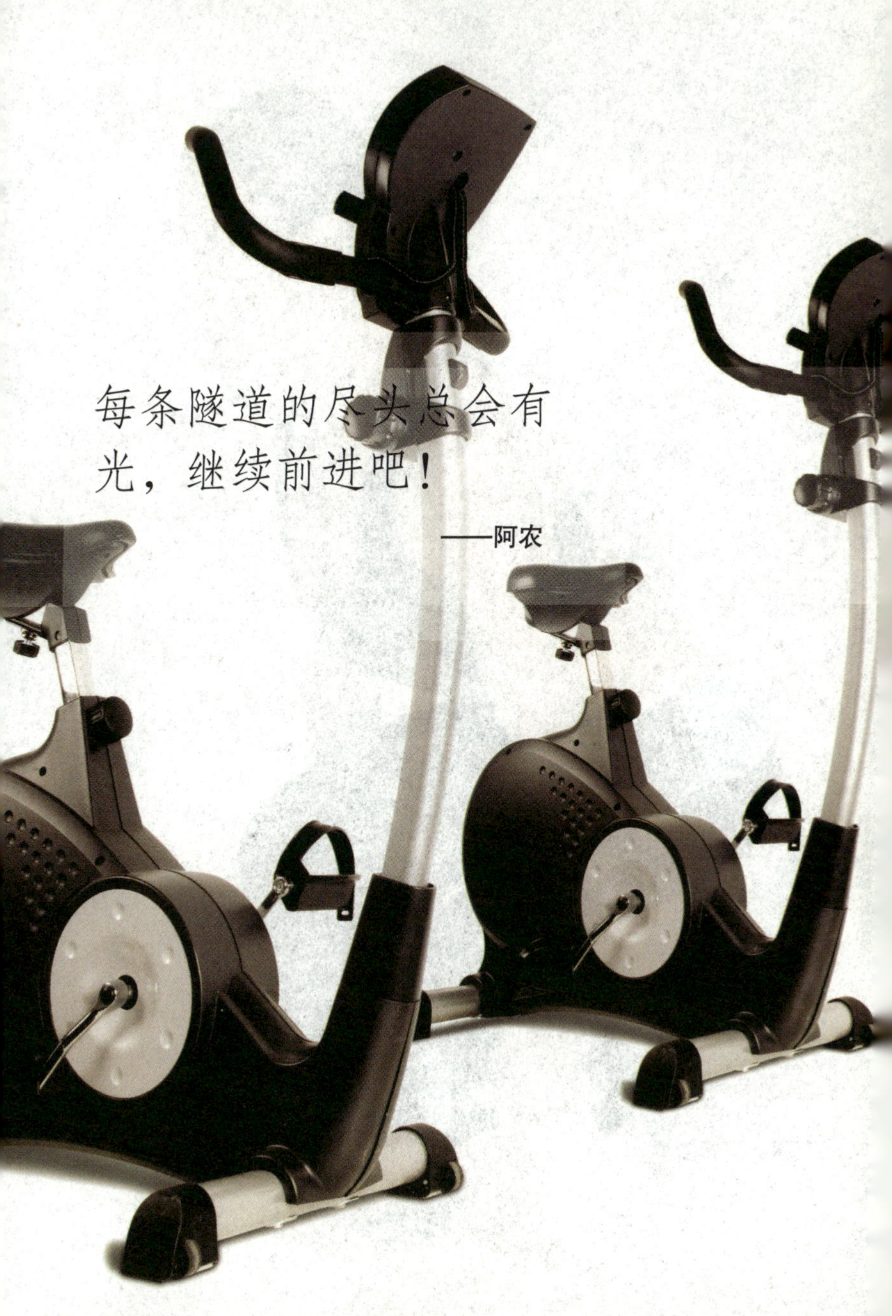

每条隧道的尽头总会有光，继续前进吧！

——阿农

您就像一个惊慌失措的学生，总觉得自己学得还不够好。考试来临前，每天晚上都疯狂学习。但事实是，如果您一直跟着计划进行锻炼，就没什么好担心的（当然，如果您真的做得不够，这个阶段进行额外锻炼也没有任何意义）。如果您想在这个阶段通过额外锻炼有所提升，结果也只是消耗能量罢了。在锻炼的日子集中注意力好好锻炼，在休息日就好好放松（也做一些拉伸）。

在这个阶段，会干扰您的事通常是生病或者受伤。像平常一样，做您通常会为了保持健康而做的事情，如吃好喝好，以及白天多喝水。如果在艰苦的锻炼即将结束时，您突然感冒了，那真是没什么比这个更让人讨厌的了。

说到受伤，您已经知道在锻炼前后及休息日进行拉伸有助于放松肌肉。一直到锻炼结束，都要坚持这一原则。

尽管您努力保持健康，疾病或者受伤仍然可能会发生。如果您不得不错过一两次锻炼，也不要慌张，因为您已经完成的基本锻炼会让您通过挑战。重要的是，如果真的生病或者受伤了，不要继续进行锻炼。在任何时候，您都不应该在痛苦的情况下继续锻炼。休息会有所帮助，但如果必要的话，请去看医生或者理疗师，以得到正确的诊断和治疗。

人体成分

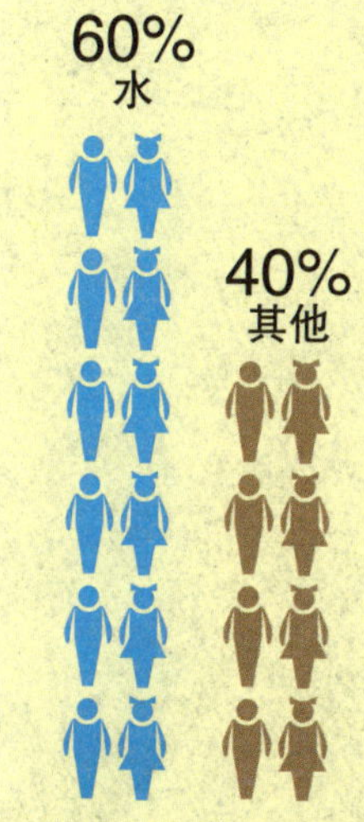

水占人体重量的55%~60%。大脑中水的含量是70%，血液中水的含量是83%，肺中水的含量是90%。所以要确保每天都摄入足够的水，以保证身体健康。

射，有似乎君子，失诸正鹄，反求诸其身。

——孔子

就是这样！

第10周完成

- 您在想自己为什么没有早点开始健身。健身开始成为您的第二天性。
- 您完全相信这个健身计划可以让您实现最终目标——您的全身锻炼。只要坚持这个计划，就不需要担心自己做得还不够多、不够好，不需要进行额外的锻炼。
- 过度自信及自我感觉过好都有可能导致问题。不要仅仅因为您感觉良好就做额外的锻炼。
- 生病或者受伤时需要休息，并向医生或理疗师寻求专业建议。这时就不要继续锻炼了。

本周小结

第11周

胜利在望

现在您已经非常接近成功……

职业运动员很少会在接近锻炼目标时给自己留下任何放弃的机会。他们好好休息、健康饮食，这一切都是为了努力锻炼。但是他们是职业运动员，他们的所有时间都用来锻炼。

不是职业运动员的我们，必须要明确我们锻炼和健身的目的。我们健身的同时，还要兼顾工作、家庭和其他。早上您要带着孩子去学校，然后把汽车送去年检，再工作一整天，找到机会还要给妈妈回一个电话，随便抓了三明治和咖啡当作午饭，然后去取车，哦，不要忘了还要去接孩子放学。呼……这一天！

本周目标

要意识到您不能控制生活中的每一件事，所以，尽管您想要把注意力完全集中在最终目标上，可能还是会有一些意想不到的事情需要处理。

但您可以控制一些事情，例如，现在不是开始新的项目来分散注意力的时候。

告诉自己该做什么，然后就去做。
——爱比克泰德

第11周：健身计划及日记

		日记
周一	10分钟上下楼梯运动；2分钟杰克跳；45秒抬膝慢跑；3组最高强度俯卧撑；1组最高强度仰卧起坐；每侧20次静态弓步，2组	
周二	休息	
周三	10分钟快步走；2分钟杰克跳；20次拉背，3组；15次仰卧起坐，3组；20次交替弓步，3组	
周四	休息	
周五	10分钟上下楼梯运动；2分钟杰克跳；45秒抬膝慢跑；3组最高强度俯卧撑；1组最高强度仰卧起坐；每侧20次静态弓步，2组	
周六	休息。放松，避免做任何高强度的运动，因为这是您迎接挑战日的最后一周了	
周日	休息或拉伸	

本周

需要做：开始审视您的目标，考虑这些目标是可实现的吗？

需考虑：阅读自己的锻炼日记，提醒自己已经坚持了多久。

不要做：恐慌，认为自己在这个阶段应该开始做额外的锻炼。

奖励

腾出几个小时放松一下，把注意力集中在最后一周。

所有这些都足以让一个职业运动员回到床上休息，并好好想一想这个问题。但是等一下，您不是职业运动员，所以您的任务还没有结束。现在您需要准备好家庭晚餐，让孩子们上床睡觉，然后您终于有时间来锻炼了。这就是大多数人保持锻炼所要面对的现实。

如果您回想一下当初身材为什么走样了，主要的原因可能是您时间比较紧张（或者感觉时间上会有压力）而疏于运动。虽然这是人们不想保持健身常见的借口，但这的确是事实。

您真的必须为自己争取时间。这就是为什么我们一直保持健身计划短小精简的原因，以及为什么我们建议您把健身计划像约会一样，记录在日记或手机里。但是今时不同往日，您已经朝着健身的方向迈出了积极的一步，并且每周有几次特意留出了一些时间，在这些时间里健身是第一位的。

简而言之，您没有把时间压力作为借口。但说实话，生活中的确有很多事情是无法控制的。如果工作到了最后期限，您可能要在办公室加班到很晚。如果家人生病了，您可能要照顾他们。您无法控制一切，您必须尽您所能来处理这些情况。但是有很多事情是您可以控制的，所以让我们专注于这些事情。

36℃

在炎热的天气里运动时要格外小心。一旦温度上升到36℃（97℉），建议您取消锻炼，或将其推迟到一天中较凉爽的时间，因为高温会给您的身体造成很大的压力。

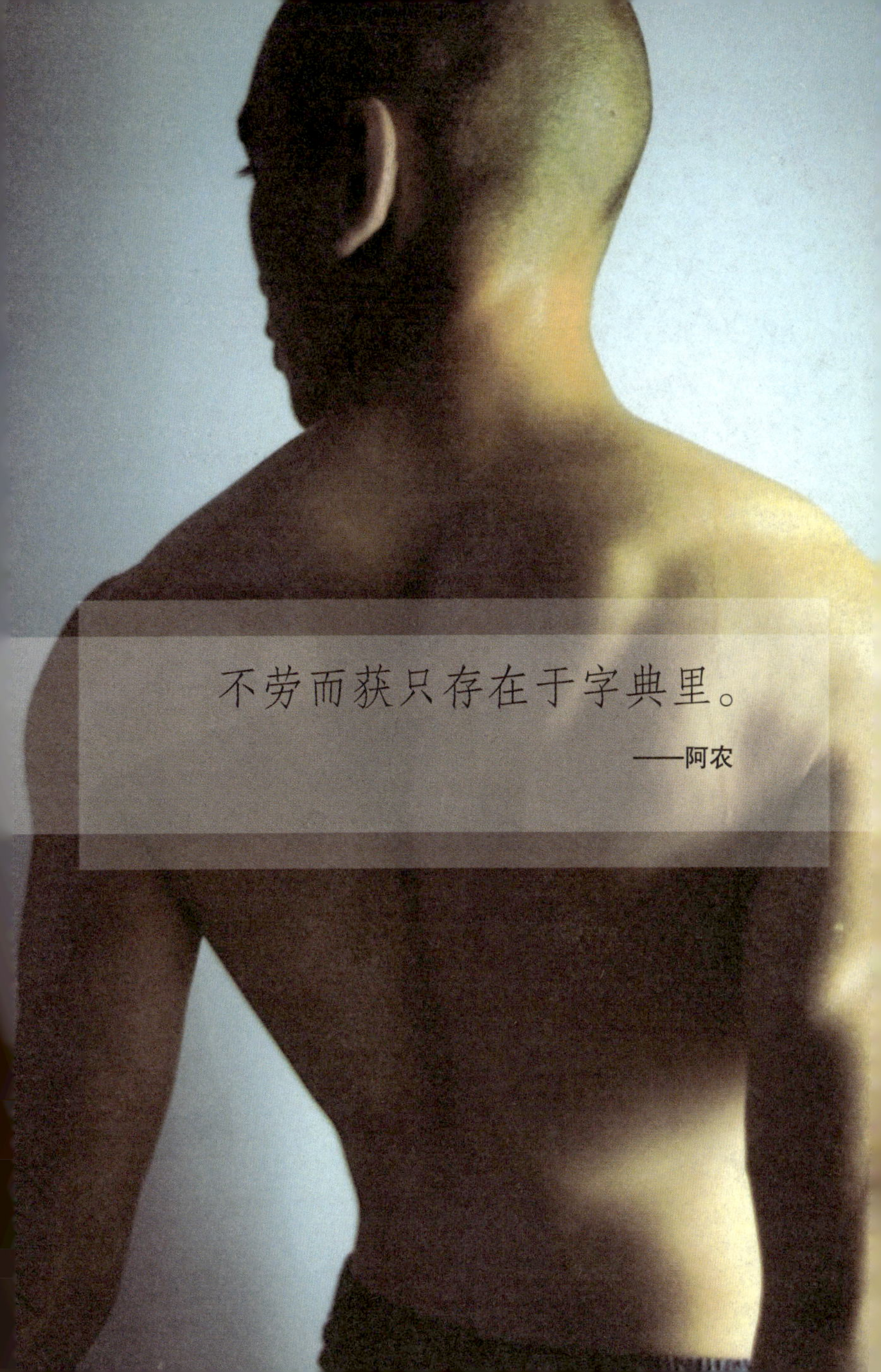
不劳而获只存在于字典里。
——阿农

平衡膳食

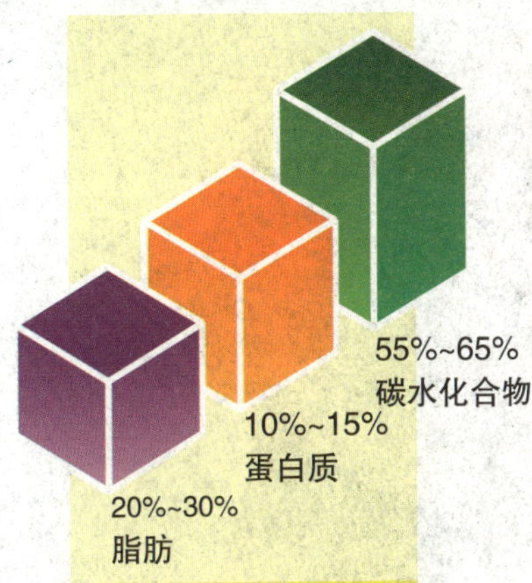

尽量让每餐食物比例与上图一致。

碳水化合物包括大米、面包、水果和蔬菜，蛋白质来自肉类、鱼类、奶制品和蛋类，而坚果、鳄梨、橄榄、鱼油和橄榄油则是脂肪的好来源。

我们所有人脑袋里都有一个“待办事项”清单（而且我们的健身伙伴脑子里也经常是这样的）。但是现在还不是列举的时候。如果在过去的两年里，闲置房间里的橱柜没有清理干净，那么在您即将完成身体锻炼挑战的接下来的几周内，把它清理干净非常重要吗？显然不重要。

您可能会想要开始这样的任务，因为当您在这12周接近尾声的时候，您会有些紧张，但您要控制住自己，暂时把橱柜问题放在一边（至少要再放几周，直到您完成挑战）。紧张会让您分心，虽然像整理橱柜这样的事情有助于您把注意力从最终目标处移开，但它们也会让您身心俱疲。所以，没有必要为了清理橱柜而把辛辛苦苦锻炼的成果搞砸。

如果您真的需要分散注意力，不如和狗狗一起散散步、看一部励志电影、在厨房里试试新菜，或者读一本轻松易懂的畅销书。在这个阶段，要保持专注，避免做任何使您更难完成全身锻炼挑战的事情，并要牢牢记住几周前您制订的健身计划。

有必胜的信心，事半功倍；否则，功败垂成。

——大卫·安布罗斯

就是这样！

第11周完成

- 在锻炼的任何阶段，生活中都会出现无法预料的问题。冷静地面对生活中的事件，并尽可能冷静地处理这些问题。

- 做一些家务（如清理橱柜）可能会分散您在最终目标上的注意力，但也会消耗精力。所以应该避免这样做！

- 不必跟紧张做斗争，放轻松，有紧张的感觉完全正常。

- 如果真的需要分散注意力，可以做一些更放松的事情，如读一本书。

本周小结

第12周

就是这里，锻炼即将结束！

现在您可以成功完成挑战了……

所以，准备好了吗？当然准备好了。您很刻苦地锻炼，现在应该享受这一周。周一，您将会进行您最后的锻炼——其实也只是在一整天里锻炼几分钟。所以放轻松，不要给自己太多锻炼压力。剩下的几天里，除了在周三进行快步走来放松之外，其他几天（除了挑战日）都应该休息，可以在休息的日子做一些拉伸运动。

现在还不要庆祝，因为还有很多困难的工作要做，但也不要害怕即将到来的事情。您坚持执行了健身计划，所以您会成功地完成身体锻炼。在接下来的几天里，请不断提醒自己这一点。

确保您真的为这一天做好了准备（记住，您是想把这件事当成一件大事来做），并且提前准备好所有您需要的东西。检查下面的清单，防止遗忘什么东西。

本周目标

当您成功地完成了身体锻炼，您就可以快乐地享受了。

经过12周之后，您已经准备好了。您刻苦地进行锻炼，任何事情都不能掩盖您在过去几周里的锻炼成果。

若有勇气追梦，
一切梦想皆可实现。

——华特·迪士尼

第12周：健身计划及日记

		日记
周一	2分钟台阶运动用来进行心率恢复测试；10次俯卧撑，5组；10次仰卧起坐；20秒波速球下蹲；20秒平板支撑（运动间休息2分钟）	
周二	休息	
周三	30分钟快步走	
周四	休息	
周五	休息。花些时间进行拉伸	
周六	进行全身锻炼挑战或休息。选最合适的一天进行挑战	
周日	进行全身锻炼挑战或休息。选最合适的一天进行挑战	

本周

需要做：加油！挑战自己，看看自己能做到哪个地步，但要注意安全！

需考虑：挑战结束时的感受。您已经实现了什么，还有什么其他想达到的目标？

不要做：沮丧或紧张，因为您已经做得非常好。

奖励

为自己取得的成绩而欢呼庆祝吧！

清单

- □ 运动鞋
- □ 袜子
- □ 短裤或打底裤
- □ T恤或背心
- □ 音乐
- □ 秒表
- □ 水或运动饮料
- □ 能量棒
- □ 心率监测器（如果必要）
- □ 毛巾及湿巾
- □ 完整的全身锻炼挑战副本

在挑战的前一天晚上可能会有点紧张，很难睡个好觉，所以在接下来的一周内尽可能地睡好觉。挑战的前一天晚餐要健康、清淡，要多喝水，这样您早上就会有充足的水分。不要喝含酒精和咖啡因的饮品，在挑战之后您可以把想喝的都补回来。如果选择早上开始挑战，前一天晚上要早点儿上床睡觉。

在早上开始挑战之前，先吃早饭、喝一杯水（或几杯）。这个阶段不要尝试新食物——继续吃在锻炼期间您的胃已经习惯的食物。在出发去健身房之前，再想一遍要做的事情。

6~10

如果想在白天表现良好，那就睡个小觉，或者说得高级一点，那就去睡个能量觉，睡6~10分钟就够了。如果6~10分钟对您来说仍然是件困难的事情，可以再缩短一点时间，这样就可以避免醒来时感觉昏昏沉沉。

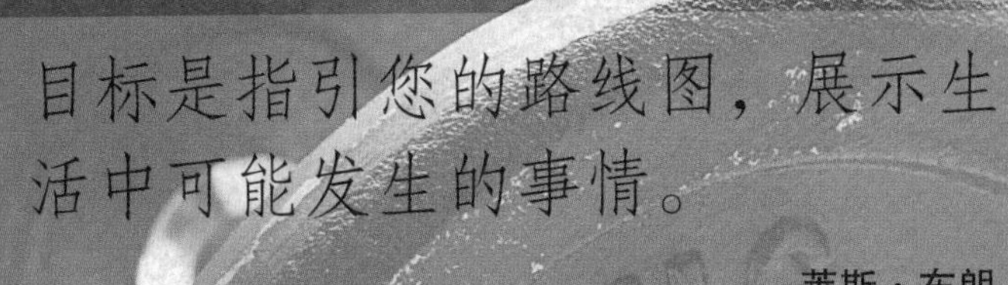

目标是指引您的路线图，展示生活中可能发生的事情。

——莱斯·布朗

DINAMIT

即使您是在家里完成挑战，也请坚持在您为全身锻炼挑战设置的时间内进行。做这件事很容易会推迟或延迟，要认真对待。

如果您有健身伙伴，你们可以先聊聊前面的练习（这样做有助于放松），然后再决定谁先进行挑战。如果你们有两个人，可以轮流进行挑战（这样在您进行挑战时，您的伙伴可以恢复体力）；你们也可以一个人一次完成整个挑战。如果人数超过两人，则应一人先完成整个挑战，另一人再开始，否则每个人的恢复时间会太长。如果不能决定谁先开始挑战，那就抽签吧！

在挑战开始时，应该有一种期待的感觉。在开始时享受起哄声，但是在第一项锻炼（即台阶运动）时不要用力过猛。虽然紧张或兴奋时很容易这样，但要努力专注于稳定的节奏，然后建立起每秒抬一条腿的节奏。

如果健身房比预想的人要多，也不要惊慌。只要坚持完成您的挑战，不断提醒自己已经刻苦锻炼了，您就能成功。

最后，您已经准备好了……享受您的全身锻炼挑战吧！

您有没有注意到，当训练完不再气喘吁吁时，那种感觉有多好?

许多研究发现，锻炼与生活的幸福感和满足感有直接联系。有比能让您面带笑容更好的锻炼理由吗?

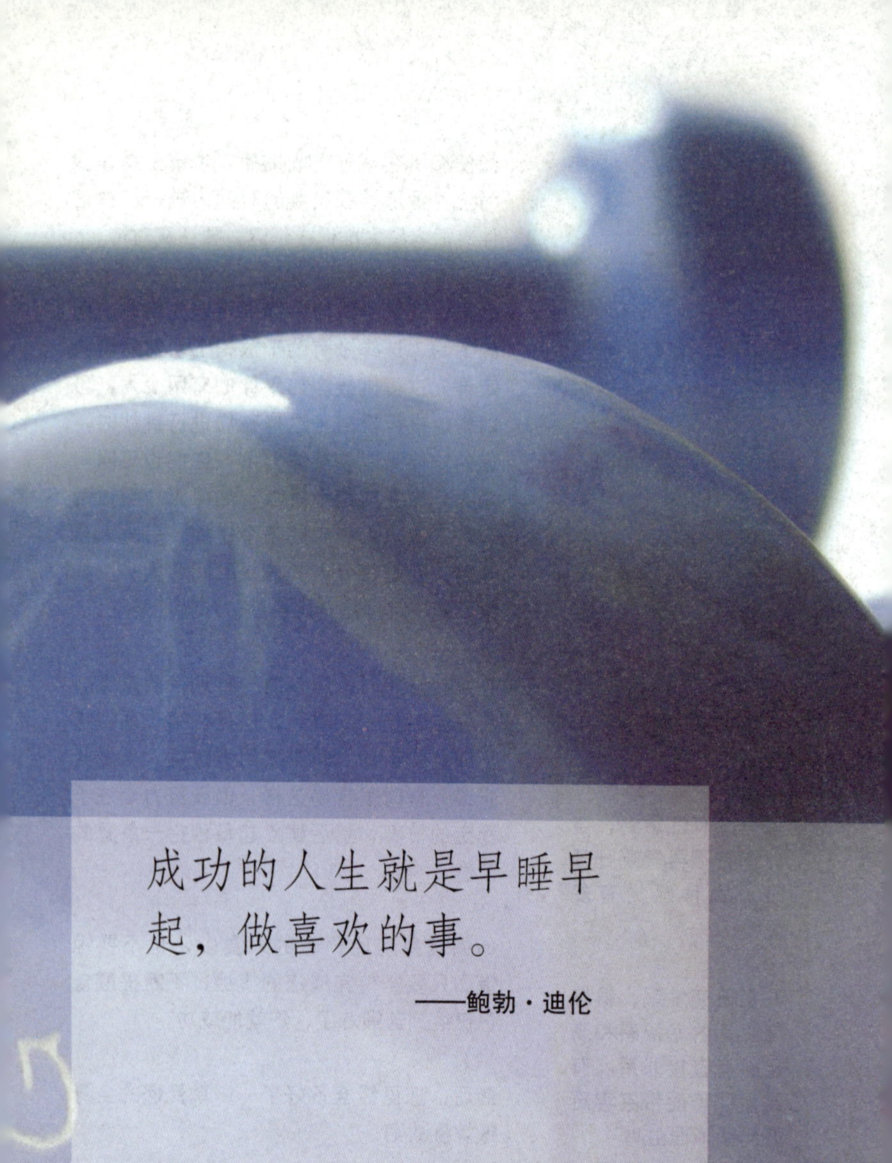

成功的人生就是早睡早起，做喜欢的事。

——鲍勃·迪伦

就是这样！

第12周完成

- 您已经在12周内完成了全身锻炼挑战。做得好！
- 庆祝自己在短短几周内所取得的成绩。
- 经过12周的努力，您现在可以享受新一轮的健身了。您为了挑战而坚持健身，这个过程中您也让自己变得更健康。
- 可以庆祝了！选一个喜欢的东西来奖励自己吧！

本周小结

接下来做什么

想一想未来的健身之路

您已经完全完成了健身挑战。接下来该做什么……

在兴奋感消失后，您可能会觉得有点平淡。这是奋力工作并完成计划之后常会出现的感觉。这与您从期待已久的旅行或度假归来时的空虚感是不一样的。您已经期待了很长时间，可能还没缓过神来，整件事情就已经结束了。

但这种感觉很快就会过去，取而代之的是对一些新事物的热情。当然，您可能不想做一些新的事情。您可能想重新光顾当地的比萨店，现在您已经向每个人证明了您可以成功完成这个挑战。“您说得对！现在可以闭嘴了吗？我已经向您证明了我言既出，行必达。现在我要回去吃双层奶酪外加一份意大利辣香肠的比萨了。”但是，这真的是一种浪费，您不觉得吗？

在过去的几周里，您已经为身体健康打下了良好的基础，以后再健身就会变得容易许多（这可能已经成为一种习惯）。在刚开始的几周里，您已经完成了一些非常艰难的锻炼，现在您可以继续前进了。

您可能会很满意目前的锻炼水平，并决定每周继续坚持做3次简短有效的锻炼。在过去的12周内，您已经证明了自己可以做到并且可以将健身融入生活。如果这是您的选择，那么就不要害怕休息会儿（但不要休息太久），然后再回到您每周3天的健身计划中来。试着变换锻炼内容以避免感到无聊，很多人会因为无聊而放弃健身。

为了确保这种情况不会发生，您应该考虑在您的锻炼中引入一些新的练习。如果您是在家里完成的12周健身计划，那接下来就去健身房吧！因为健身房有很多健身器械，您可以有更多种锻炼的方式。如果您一直很享受在家健身，想要坚持这种模式，买一些器材在家锻炼也是一样的。或者您可以利用家里的物品——用一罐豆子就可以做很多练习！您不需要把家里的空房间变成健身室，但多一组哑铃会增加您锻炼的选择。

您也可以考虑请私人教练指导您进行一些锻炼。教练会给您介绍一些新的练习，并告诉您如何正确地做这些练习，也会不断激励您保持锻炼的动力。如果您要求的话，大多数教练都很乐意带着两个人一起做锻炼，所以如果有朋友陪您一起锻炼可以让您感到更自在的话，那就这样做吧。说到健身动力，您可以给自己设定另一个目标，也许是设计另一个完整的健身计划。私人教练可以帮助您根据自己的健身水平量身定制一份健身计划。

但是不要忘了做其他运动，如跑步、骑车或游泳。所有这些都会让您保持健康、乐观，您也会开始锻炼身体的其他肌肉。

如果您在完成12周健身计划之后仍有高涨的热情（为什么不呢？），那么有些事情需要提醒您：当您想要超越刚刚实现的目标时，不要太心急。记住，一开始您身材走样的原因之一是没时间锻炼，所以不要突然给自己设定一个每周锻炼6天的目标，您会发现自己根本无法实现这个计划。这还会让您感到沮丧，并最终把这个计划抛之脑后。您已经证明您一周可以锻炼3天，所以最好的做法是，在此计划上慢慢地增加锻炼天数（如果您想要这样做的话），然后慢慢建立起新的健身计划表。

作者简介

丹尼尔·福特（Daniel Ford）曾经是久坐族的资深一员，但他偶尔也会穿上运动服。当他第一次开始跑步的时候，他跑了不到几百米就筋疲力尽了。两年后，他成功地完成了在南非开普敦著名的两场双洋超级马拉松，全程56公里（35英里）。他的健身生涯也有着类似的经历：尽管第一次健身的时候他还是个连使用重量训练器械都不知道的家伙，但是不需几个月，他就可以跟得上私人教练的训练进程——他的私人教练是海军前体育教练。

保罗·考彻（Paul Cowcher），健身专家、私人教练，曾经是一名职业舞蹈演员，在健康和健身行业从业11年多。他通过健身课程、普拉提、瑜伽、跑步和其他许多运动来帮助人们达到最佳的健康状态。

罗素·墨菲（Russell Murphy），运动心理学家、本书的心理顾问。他经常与体育人士合作，包括为跑步者、高尔夫球手和足球运动员提供咨询服务。作为世界催眠治疗师联合会的一员，他还就主要大公司的推动问题发表看法，并开展了戒烟、体重管理、缺乏信心、恐惧症和其他问题的治疗方案。